천지공사와 조화선경

증산도상생문화총서 011

천지공사와 조화선경

초판발행　　2011년 12월 22일
지은이　　　원정근
펴낸이　　　안중건
펴낸곳　　　상생출판
주소　　　　대전시 중구 선화동 425-28번지
전화　　　　070) 8644-3161
팩스　　　　042) 256-8042
E-mail　　　sangsaeng@jsdmail.net
출판등록　　2005년 3월 11일 (제175호)
배본 대행처/대원출판

ISBN　　978-89-94295-11-4
　　　　978-89-957399-1-4(세트)
값 6,500원

천지공사와 조화선경

원정근 지음

상생출판

차례

들어가면서

온 천지를 은빛세계로 수놓던 겨울은 어디론가 그 자취를 감추고, 살랑살랑 불어오는 봄바람의 호들갑에 만물이 되살아난다. 하지만 꿈결 같은 따사로운 봄날의 달콤함을 만끽하기도 전에 일장춘몽一場春夢처럼 봄은 사방으로 흩날리는 꽃잎과 더불어 덧없이 가버린다. 봄날이 소리도 없이 사라지고 나면, 온갖 초목이 우거지는 한여름이 다가온다. 숨이 탁탁 막히는 무더운 여름날이 가고나면, 하늘도 푸르고 말도 살찐다는 천고마비天高馬肥의 계절이 성큼 찾아든다.

늦가을 찬바람에 온 산을 붉게 물들이던 낙엽이 우수수 떨어지면, 다시 온 천하를 얼어붙게 하는 동장군이 갈마든다. 춘하추동 사시는 계절의 흐름을 따라 각기 서로 다른 특색—연못에 가득한 봄물, 산봉우리를 휘감고 있는 기묘한 여름 구름, 휘영청 밝은 한가위 둥근 달, 함박눈을 뒤집어쓰고 산마루에 외로이 서 있는 소나무—을 드러내며 가고 온다. 사계절이 쉼 없이 오가는 것은 자연의 순환질서이다. 누구라서 이런 자연의 순환법칙을 어길 수 있겠는가?

사계절은 제자리를 찾아 그렇게 왔다가 그렇게 돌아간다. 사계절의 변화는 마치 물레방아가 쉴 새 없이 돌고 돌며, 철새가 철따라 오가는 것과 같다. 그 어떤 천하장사도 이런 세월의 흐름을 결코 막을 수 없다. 고려 말기 유학자 우탁禹倬(1263~1342)은 "한 손에 막대 잡고 또 한 손에 가시를 들고 늙은 길 가시로 막고 오는 백발 막대로 치렸더니 백발이 제 먼저 알고 지름길로 오더라."라고 노래하면서, 세월의 변화를 인간의 힘으로는 도저히 어찌 해볼 수 없다고 길게 탄식하였다.

　사계절은 누구에게나 찾아오지만 그것을 느끼고 표현하는 방식은 사람마다 조금씩 다르다. 지상에 가을이 찾아오는 것은 사계절의 변화에 따라 끊임없이 반복되는 항상적인 일이기 때문에 세상 사람들의 비상한 관심을 끌지는 못한다. 가을이 오는 것은 세인들에게 특별한 새 소식일 수 없다.

　그러나 증산상제는 누구에게나 늘 그렇게 다가오는 가을에서 전대미문前代未聞의 새 소식을 전한다. 선천에서 천지가 처음으로 개벽한 뒤 다시 새롭게 개벽하는 '우주의 가을'이 온다는 것이다. 우리가 살고 있는 이 땅 위에 모든 것이 온전하게 거듭나는 후천의 가을세상—새 하늘 새 땅 새 사람 새 문명—이 펼쳐진다는 놀라운 소식이다. 증산상제는 우주와 문명이 원만하게 조화를 이루는 우주의 가을시대를 온 천하에 선포한다.

　그렇다면 '우주의 가을소식'이 인간 삶에 중요한 의미를 지니는 것은 대관절 무엇 때문일까?

> 지금은 온 천하가 가을 운수의 시작으로 들어서고 있느니
> 라. (『도전』 2:403:1)
> 천지대운이 이제야 큰 가을의 때를 맞이하였느니라.
> (『도전』 7:38:4)

지금 이 시대는 천지의 대운이 바뀌는 가을철이다. 지구의 가을
철이 아니라 우주의 가을철이 다가오는 것이다. 우주의 가을철에
는 모든 것이 '원시반본原始返本'의 가을정신에 따라 제 모습과 제
자리를 찾아 돌아간다. '원시반본'은 우주의 가을이 오면 모든 생
명이 제 본연의 모습과 자리를 살펴서 그 근본으로 되돌아간다는
뜻이다.

배은背恩과 원한寃恨과 상극相克이 판치는 지구의 가을세상
에서 보은報恩과 해원解寃과 상생相生이 강물처럼 흘러넘치는
우주의 가을세상으로 변한다. 배은의 세상이 보은의 세상으로,
원한의 세상이 해원의 세상으로, 상극의 세상이 상생의 세상으
로 바뀐다. 우주의 가을이 찾아오면 지금까지의 세상과는 차원
이 다른 신묘한 세상으로 완전히 탈바꿈한다.

> 현하의 천지대세가 선천은 운運을 다하고 후천의 운이 닥
> 쳐오므로 내가 새 하늘을 개벽하고 인물을 개조하여 선경
> 세계를 이루리니 이때는 모름지기 새판이 열리는 시대니
> 라.(『도전』 3:11:3)

판(천지판, 인간판, 문명판)이 바뀌면 온 세상이 달라진다. 인간 삶의 원천을 이루는 것은 두 가지―우주의 자연질서와 인간의 문명질서―이다. 증산상제는 인류문명의 문제점을 근원적으로 해소하기 위해서는 자연뿐만 아니라 문명까지도 한꺼번에 치유해야 한다고 강조한다. 인간사회의 문명질서뿐만 아니라 우주만물의 자연질서까지도 그 틀과 판을 탈바꿈시키려는 것이 바로 '후천개벽後天開闢'이다. 후천개벽이란 기존의 갈등과 대립으로 얼룩진 선천세상의 상극질서를 총체적으로 뜯어고침으로써 신천지에 입각한 신문명을 만들려는 것이다.

이 글은 2부로 구성되어 있다. 1부는 증산상제가 제시한 우주문명의 새로운 판짜기의 패러다임이 무엇인가 하는 것을 밝힌다. 증산상제는 하늘과 땅과 사람과 문명이 모두 중병에 들어 시름시름 앓고 있는 잿빛 세상을 뜯어고치어 천지와 인간과 문명이 다함께 성공하는 후천개벽後天開闢의 청사진을 제시했다. 새 하늘, 새 땅, 새 사람, 새 문명을 여는 후천개벽의 프로그램인 '천지공사天地公事'가 그것이다.

2부는 천지공사로 이루어지는 후천의 조화선경의 참모습이 무엇이고, 지상낙원을 이루는 실천적 주체가 누구인가를 밝힌다. 증산상제에 의해 기획된 후천개벽의 프로그램은 사람들이 팔짱을 끼고 아무런 일을 하지 않아도 거저 그냥 주어지는 것은 아니다. 지금

판 | 온갖 생명의 활동과 작용이 한데 어우러지는 우주생명의 한 마당.

까지는 하늘과 땅이 사람을 양육하였던 '천존天尊'과 '지존地尊'의 시대였다.

하지만 우리가 살고 있는 이 시대는 인간이 모든 일의 주체로 나서서 천지와 문명을 돌보고 보살펴야 할 '인존시대人尊時代'이다. 그러기에 인존시대에서 모든 일의 열쇠는 사람이 틀어쥐고 있다. 문제는 증산상제가 제시한 조화선경의 기획 작업을 어떻게 완결지울 수 있는가 하는 것이다. 이것이야말로 개벽시대의 참 일꾼에 부여된 위대한 '천지사업'인 것이다.

제1부

천지공사天地公事

새로운 우주문명宇宙文明의
패러다임을 찾아서

Chapter 1

천지공사天地公事

1. 21세기의 중심화두中心話頭

오늘날 많은 사람들은 인류문명의 묵은 틀과 낡은 판을 새롭게 바꾸지 않고서는 인류역사의 미래를 그 누구도 보증할 수 없다는 관점에서 새로운 문명의 패러다임을 어떻게 구축할 수 있는가 하는 것을 문제로 제기하고 있다. 기존의 문명의 틀과 판을 어떤 방식으로든, 어떤 형태로든 새로 짜지 않을 수 없다는 것이다.

그렇다면 왜 지금까지와는 사뭇 다른 새로운 문명의 패러다임을 찾지 않을 수 없는가? 그것은 현대문명이 자연, 인간, 사회의 총체적 위기상황에 직면하여 별다른 돌파구를 열지 못하고 있기 때문이다.

문제의 관건은 자연, 인간, 사회가 포괄적 조화를 이루는 새로운 문명의 비전을 어떻게 제시할 수 있느냐에 있다. 인류의 문명은 세 가지 관계방식 — 자연과 인간의 관계, 인간의 자기관계, 인간과 인간의 관계 —을 어떻게 설정하느냐에 따라 그 차원과 양상을 달리해 왔다. 그런데 문제의 핵심은 자연질서 그 자체에 구조적 모순과 한계가 있다면, 인간이 아무리 자연과 새로운 관계방식을 맺는다고 하더라도 인류문명의 근원적 탈바꿈이나 틀바꿈을 기대할 수 없다는 점이다.

그렇다면 새로운 우주문명의 패러다임은 가능한가? 우주와

객망리 시루산 전경 | 왼쪽이 큰 시루봉이고 오른쪽이 작은 시루봉이다.
그 앞에 있는 마을이 증산상제님이 탄강한 객망리이다.

문명이 묘합妙合되는 패러다임을 어디에서 어떻게 찾을 수 있는가? 증산甑山상제 강일순姜一淳(1871~1909)은 새로운 문명질서의 전환을 모색하는 데 있어 지금까지와는 뚜렷하게 구별되는 아주 독특한 사유방식을 제시한다. 그것은 구천지의 상극질서를 개벽함으로써 새 천지에 바탕을 둔 새 문명의 틀과 판을 모색하고 있기 때문이다.

새로운 문명의 틀과 판은 구천지舊天地의 틀과 판을 뒤바꾸는 새 천지의 판짜기와 틀짜기를 전제로 하지 않고서는 불가능하다. 기존의 대립과 갈등으로 얼룩진 상극적 자연질서를 상생적 자연질서로 뒤바꾸는 새 천지의 확립이 없다면 인간질서의 근본적인 변혁을 꾀할 수 없다. 신천지新天地에 입각한 신문명新文明, 즉 새 천지의 새 문명(우주문명 또는 천지문명)이 바로 그것이다. 자연질서와 문명질서를 동시에 전환시킴으로써 신천지의 신문명을 새롭게 열려는 것이 바로 후천개벽이다. 여기에는 자연과 문명의 유기적 전일성이 그 전제로 깔려있다.

증산상제가 제시한 우주문명의 새로운 틀짜기와 판짜기

> **구천지** | 중병으로 신음하고 있는 묵은 하늘과 낡은 땅.

의 프로그램이 바로 '천지공사天地公事'이다. 천지공사는 새 하늘·새 땅·새 사람에 대한 후천개벽後天開闢의 청사진을 담고 있는 것으로, 후천세계의 선경낙원을 열기 위한 새 세상의 프로그램이다.

이 글은 천지공사를 중심으로 살펴봄으로써 어떻게 하면 새로운 우주문명의 패러다임을 모색할 수 있는가 하는 데 그 목적이 있다. 우리는 아래에서 다음과 같은 몇 가지 사실에 주목함으로써 이 논의를 이끌어가려고 한다.

첫째, 천지공사의 이념을 어떻게 규정할 수 있는가. 둘째, 천지공사를 시행할 수밖에 없었던 그 필연성과 불가피성은 어디에서 비롯되는 것인가. 셋째, 천지공사의 집행은 누구에 의해서 어떤 방법으로 이루어지는가. 넷째, 천지공사의 궁극적 목표는

심원암 ㅣ 동쪽 모악산 기슭에 있는 암자. 증산상제님이 16세 되시던 해 이 곳 심원암에 들리시어 깊은 사색에 잠기셨다.

어디에 있는가. 다섯째, 천지공사의 의의를 어디서 어떻게 찾을 수 있는가. 달리 말하자면, 천지공사가 궁극적으로 실현하려고 하는 것이 무엇인지, 왜 필요한 것인지, 어떻게 집행하는 것인지, 무엇을 위한 것인지를 묻고 답하는 것이다.

우리는 이상의 문제를 중심으로 새 천지와 새 문명이 오묘하게 합치되는 신문명의 패러다임이 어떻게 가능할 수 있는가 하는 점을 논의하려고 한다. 그리하여 천지공사가 왜 21세기의 중심화두일 수밖에 없는가 하는 것을 밝히려고 한다.

2. 천지공사의 근본과제

'천지공사天地公事'는 파천황적 특성을 지니고 있다. 왜냐하

대원사 전경 | 중앙이 대웅전이며 좌우로 명부전과 칠성각이 있다.

면 인간의 문명세계뿐만 아니라 천지의 자연세계를 동시에 개벽시키려고 하기 때문이다. 우주와 문명의 동시적 개벽이 바로 그것이다. 그렇다면 증산상제가 1901년 음력 7월 도통한 이후 1909년 음력 6월까지 9년 동안 집행한 천지공사에서 천지와 공사는 각기 어떤 의미를 함축하고 있는가? 그리고 천지공사는 궁극적으로 무엇을 구현하려는 것인가?

천지공사에서 천지는 단순히 하늘과 땅만을 지칭하는 것은 아니다. 천지에는 천지인 삼계三界 뿐만 아니라 신명계神明界가

> **천지공사** | 묵은 하늘과 낡은 땅의 병을 치유하여 새 세상을 여는 일

아울러 포괄되어 있다. 다시 말해 천지에는 천도天道와 지도地道와 인도人道뿐만 아니라 신도神道가 하나로 포함되어 있다. 천지는 한마디

대원사 칠성각 | 신축(1901)년 7월 7일에 증산상제님께서 천지대신문을 여시고 중통인의의 대도통을 하신 곳.

로 요약하면 신도천지神道天地이다. 그 이유는 천지인의 삼계가 신도의 신명계의 조화작용을 매개로 이루어지는 신묘불측神妙不測한 세계이기 때문이다. 따라서 천지는 신도의 신명계를 포함하는 시공 속에 존재하는 모든 것을 통칭하는 것이라고 하겠다.

공사란 개인적인 사사로운 일과는 대비되는 공공적인 것에 관련되는 사무라는 뜻이다. 공사란 본디 관청이나 공공단체의 공적인 사무를 본다는 뜻이다. 우리는 공사의 이런 용례를 구체적으로 『역어유해譯語類解』※ 에서 찾아볼 수 있다.

그러나 공사는 단순히 사회적 공공성만을 뜻하는 것이 아니라 우주생명 전체에 관계되는 일을 뜻하는 것으로 우주적 공공성을 가리킨다. 공사는 우주적이면서 사회적인 공공성이라는 이중성의 의미를 지니고 있다. 왜냐하면 인간을 포함한 이 천지간에 존재하는 모든 생명의 통일적 질서와 조화의 관계를 모색하는 일이기 때문이다.

천지공사에는 어떤 문제의식이 담겨 있는 것일까? 천지공사의 문제의식은 어느 날 갑자기 하늘에서 뚝 떨어진 것도 아니고 그렇다고 땅에서 쑥 솟아 올라온 것도 아니다. 동아시아 철학의 중심과제에 그 뿌리를 두고 있다. "천과 인의 관계문제"

❖ 정신문화연구원편, 『17세기 국어사전』, 서울, 정신문화연구원, 1995, 191쪽 참조.

公事 📖 공사. 관청이나 공공단체의 사무

〔天人之際〕, 즉 자연질서와 인간질서의 관계를 어떻게 설정할 수 있는가 하는 문제가 바로 그것이다. 이는 자연중심적 세계관과 인간중심적 세계관의 긴장관계를 어떻게 처리할 수 있는가 하는 데 그 핵심이 있다. 달리 말하자면 자연의 자연적 무위성과 인간의 인위적 유위성의 관계문제이다.

고대 중국에서 자연의 자연성과 인간의 인위성에 대한 논란이 제기 되었다. 선진先秦의 도가는 자연중심적 세계관에 입각하여 자연의 조화성을 낙관하였다. 노장에 의하면, 이 세계의 모든 사물은 자기조직화의 능력을 구비하고 있기 때문에 인간의 인위적 조작이나 개입이 없다면 그 누가 그렇게 되도록 시키지 않아도 스스로 그러하게 또는 저절로 그러하게 자발적 질서와 조화를 구현할 수 있다. 그래서 노장은 자연의 무위성을 최고의 이념으로 설정한다. '무위'란 말 그대로 아무 것도 하는 것이 없다는 것을

뜻하는 것이 아니라 절로 그러한 자연질서에 따르는 자발적 행위를 말한다.

반면, 송대의 성리학은 도가와는 다른 길을 모색했다. 성리학은 인간중심적 세계관에 착안하여 인간의 창조적 행위가 우주만물의 통일적 질서와 조화의 관계를 구현할 수 있는 중추적 역할을 할 수 있는 것으로 간주함으로써 자연질서에 주체적으로 동참하는 인위성과 유위성을 긍정하는 입장을 제시하였다.

노장학이 자연의 무위를 강조하여 인간의 조작적 유위를 부정하는 입장에 서는 것이라면, 성리학은 인간의 창조적 유위를 자연의 무위를 실현할 수 있는 근거로 제시한다. 천지공사는 전자의 노장학과 후자의 성리학을 하나로 통합함으로써 자연의

제비산에서 바라본 구릿골 전경 |
9년 천지공사 기간 동안에 증산상제님께서 가장 많이 머무르신 곳이다.

자연적 무위성과 인간의 창조적 유위성을 합치시키려고 한다. 하지만 뚜렷하게 구별되는 측면이 있다. 그것은 우주생명의 주재자가 창조적 활동을 통해 한편으로는 자연의 상생성을 따르면서도, 다른 한편으로는 자연의 상극성을 새로운 차원으로 전환시키려는 것이기 때문이다. 그렇기 때문에 천지공사는 노장학이나 성리학과는 달리 자연질서와 인간질서의 관계를 설정하는 주체와 대상이 다르다.

천지공사는 삼계대권三界大權을 가진 증산상제가 신명계의 통일적 질서와 화해를 바탕으로 삼아 선천 5만 년 동안 일그러지고 어그러진 사회적 인간질서를 포함한 우주적 자연질서를

삼계대권 | 하늘과 땅과 사람 등의 세 영역을 주재할 수 있는 주재자의 권능.

바로잡기 위해서 집행하였던 창조적 행위를 뜻한다. 즉 우주생명의 통치자가 우주질서에 개

1920년대 금산사 돌무지개문 | 상제님께서는 이 돌문위에 앉으시어 제비창골에 사는 김형렬 성도를 크게 부르시었다.

입하여 천지만물의 운행법칙과 운행원리를 뜯어고쳐서 새로운
세상의 창조적 조화질서를 결정짓는 일이다. 따라서 천지공사
에는 우주만물의 자연적 운행질서
와 주재자의 창조적 주재행위가 하
나로 결합되어 있다.

 중요한 것은 우주생명의 통치자
가 인간세상에 내려와서 인간의 몸
으로 우주 속에서 차지하는 인간
의 위치와 역할, 즉 인간의 본질적
의미에 관통함으로써 자연질서와
인간질서를 창조적으로 조화시키
려고 했다는 점이다. 다시 말해 우
주생명의 주재자가 인간의 주체적
활동을 통해 상극적 자연질서와
상극적 인간질서의 관계를 상생적
자연질서와 상생적 인간질서의 관
계로 전환시키려고 했다는 점이다.
이는 인간의 창조적 작위성에 대한
새로운 의미부여를 던져주고 있다.
그것은 인간이 단순히 자연질서에
순응만 하는 것이 아니라 자연질서

(위) **1910년대의 금산사**
(아래) **1934년 실화로 소실되기 전의
미륵전 소조삼존불** | 미륵전은
진표율사가 창건한 미륵신앙의 근본
도량이며, 미륵불상은 후천선경을 여는
미래불이며 혁신불이다.

를 따르면서도 그 자연질서를 다시 새롭게 창조할 수 있는 행위 주체의 창조적 가능성을 제시하여 주기 때문이다. 따라서 인간은 우주생명의 창조적 자연질서에 동참함으로써 새로운 인간질서를 수립할 수 있는 현실적 주체가 될 수 있다.

여기서 우리는 천지공사의 주체와 대상을 다음과 같이 정리할 수 있다. 천지공사의 주체는 넓은 의미에서는 인간이며, 좁은 의미에서는 우주생명의 통치자이자 주재자인 증산상제다. 그리고 천지공사의 대상은 천지인 삼계를 포함한 천상과 지하의 신명계이다.

천지공사는 주재자의 적극적 개입에 의한 우주생명의 재조정 작업이다. 우주적 통치기구인 신도의 조화정부를 설치하여 언제 어떻게 파멸될지도 모르는 총체적 위기상황에 처한 온 생명을 구원하기 위하여 구천지의 상극질서를 뜯어고쳐서 신천지의 상생질서로 전환함으로써 새 세상을 열려는 기획작업이다. 즉 자연질서와 인간질서를 동시에 뜯어고쳐서 자연과 인간, 인간과 신명, 인간과 인간 사이의 어그러진 상극관계에 새로운 생명의 기운을 불어넣는 일이다.

증산상제는 삼계대권의 조화권능을 직접 주재함으로써 통일신단의 조화정부를 구성하고, 천지만물의 자연질서와 인간사회의 문명질서를 개벽함으로써 이 땅위에 새로운 우주문명을 건설하여 천지와 신명과 인간을 동시에 구원하려는 것이다. 따라서 천지공

조화정부 | 신도의 조화를 바탕으로 새 천지를 여는 우주적 통치기구.

사의 궁극적 과제는 어떻게 하면 인간세상을 근본적으로 바꿀 수 있는가 하는 것이다.

인간세상을 근본적으로 바꾸기 위해서는 무엇보다 먼저 그것과 일체관계를 형성하고 있는 자연질서를 바꾸어야 한다. 왜냐하면 인간질서와 상호 감응관계를 이루고 있는 자연질서가 뒤틀려 있다면 인간질서도 왜곡되기 마련이기 때문이다. 이런 맥락에서 증산상제는 자연질서와 인간질서를 동시적으로 전환시키려 한 것이다. 여기에는 모든 문제를 근원에서부터 바로잡는다는 의미가 포함되어 있다.

천지공사의 궁극적 이념은 원시반본原始返本에 있다. 원시반본은 말 그대로 "인간사회를 포함한 천지만물의 시초를 살펴서 그 근본으로 되돌아간다"는 뜻이다. 그렇다면 시초와 근본은 어떤 차이가 있는가? 여기서 '시초'란 천지만물이 선천의 천지개벽에서 자연적 분화과정을 이루기 이전에 모든 것이 하나로 혼돈되어 있던 그 처음의 통일적 상태를 뜻하고, '근본'이란 선천의 천지개벽 이래 분열된 신도세계를 조화시킴으로써 자연질서와 문명질서를 새롭게 통일시킬 수 있는 '무극대도'를 뜻한다.

'무극대도'는 이중적 의미를 지니고 있다. 하나는 자연론적 측면에서 천지만물을 천지만물이게끔 하는 우주생명의 통일적 존재근거

원시반본 | 모든 것이 제자리와 제 모습을 살펴서 돌아간다는 뜻.
무극대도 | 모든 생명을 하나로 융합하여 신천지와 신문명을 여는 도

를 말하고, 다른 하나는 문명론적 측면에서 현실세계의 대립상과 분열상을 통일시켜서 갈등과 부조리가 없는 조화로운 세계를 여는 것을 말한다. 따라서 무극대도는 자연과 문명이 성숙되어 모든 생명이 자유와 조화를 동시에 이루는 우주의 가을철의 변화정신을 대변한다.

(위) **불출암**
(아래) **미륵불상** | 땅 속에서 남녀 돌부처가 솟아 올랐다고 하여 불출암이다. 상제님도 여기서 김형렬 성도를 처음 만났다.

왜 시초를 살펴서 근본으로 되돌아가야 하는가? 문제는 오늘날 자연과 인간과 문명이 제 자리에서 이탈하여 대립과 분열의 극치를 이루고 있다는 사실이다. 선천세계의 모든 것은 본래 서로 나누어짐이 없이 하나로 어우러진 상태에서 이루어진 것이다. 하지만 인간사회를 포괄한 천지만물은 생성과 성장의 확장과정에서 필연적으로 다른 것과 상호 갈등과 대립을 빚을 수밖에 없는 구조적 모순과 한계를 지닌다. 이 때문에 모든 것이 상극적 갈등구조를 이룸으로써 불협화음을 빚게 된다. 더욱 문제가 되는 것은 인간이 천지만물을 주체와 대상으로 이분화하기 때문에 그 갈등관계가 더욱 증폭될 수 있다는 사실이다. 천지만물의 시초를 거슬러 올라가 살피는 것은, 자연과 문명의 구조적 한계성과 원초적 비극성이 어디에서 비롯되는 것인가를 추적하는 일이다.

오늘날 인류가 안고 있는 모든 문제의 근원은 그 근본을 상실한 데 있다. 천지만물이 본래 하나의 근본에서 파생되어 나온 것임에도 불구하고 그것을 망각하고 자타를 둘로 가르는 대상적 사유방식에 함몰되어 갈등과 대립을 자초하고 있기 때문이다. 여기에 천지만물의 근원적 한계성이 도사리고 있다.

증산상제는 천지공사를 집행함으로써 선천세계의 왜곡된 상극적 대립관계를 넘어 존재의 궁극적 근원상태인 무극의 통일상태로 되돌려서 후천세계의 새로운 상생적 관계망을 구축하

구릿골 약방 | 1910년 봄에 상제님께서 김준상 성도 아내의 병을 고쳐주시고 방 한 칸을 얻어 약방을 여셨다. 맨 오른쪽방이 '만국의원'이라 명명하신 방이다.

려고 한다. 천지공사를 통해 우주생명을 하나로의 세계로 통일시킴으로써 상극적 관계망으로 함몰되기 이전의 그 근원적 제자리로 되돌리려고 하는 것이 바로 원시반본이다. 천지만물을 하나로 통일시키려는 것이다.

하지만 원시반본은 단순히 선천의 천지개벽 이전의 통일상태로 복귀하는 것을 의미하지는 않는다. 왜냐하면 후천개벽의 원시반본은 선천의 천지개벽이래 생성과 성장의 분열과정에서 빚어진 모든 구조적 모순과 한계를 넘어서 성숙과 완성의 통일상태로 나아감으로써 그 이전과는 차원이 다른 질적 비약과 전환이 이루어지기 때문이다.

원시반본原始返本은 크게 세 가지 방식으로 나누어볼 수 있다. 첫째, 자연개벽自然開闢의 원시반본이다. 자연개벽의 원시반본은 천지만물의 상극적 시공질서가 상생적 시공질서로 제자리를 찾아가는 것을 말한다. 초목의 생명현상을 예로 들어 설명하여 보자. 초목은 봄과 여름의 생성과 성장과정에는 생명의 기운이 뿌리에서 가지로 뻗어나가지만, 가을과 겨울의 수렴과 응축의 과정에는 도리어 생명의 기운이 가지에서 뿌리로 되돌아가는 현상이 일어난다. 나뭇잎의 경우도 마찬가지다. 때가 되면 나뭇잎들은 그 누가 시키지 않아도 우주 변화원리에 의해서 저절로 땅에 떨어져 뿌리로 돌아가게 된다.

봄과 여름에 무성했던 나뭇잎들이 가을이 되면 뿌리로 돌아가는 것처럼, 우주생명도 선천 5만 년의 봄과 여름의 과정을 거쳐서 후천 5만 년의 가을의 통일성의 상태로 귀환한다. 그것은 우주생명이 5만 년을 기준으로 선천의 봄과 여름, 후천의 가을과 겨울의 순환구조로 이루어졌기 때문이다. 마치 떨어진 낙엽이 뿌리로 돌아가 '낙엽귀근落葉歸根'의 통일성을 이루듯이, 원시반본은 우주생명이 자신의 원초적 통일상태로 돌아가려는 창조적 활동 그 자체를 말한다. 모든 사물이 우주생명의 통일적 존재근원으로 회귀하는 것, 이것이 바로 후천의 자연개벽이다.

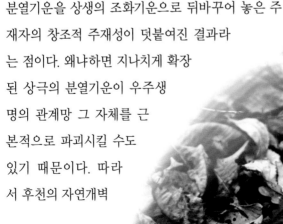

　하지만 우리가 주의해야 할 것은 후천의 자연개벽이 자연의 이법적 필연성에 따라 절로 그러하게 이루어지는 것이기는 하지만 그것이 거저 그냥 주어지는 것이 아니라 상극의 분열기운을 상생의 조화기운으로 뒤바꾸어 놓은 주재자의 창조적 주재성이 덧붙여진 결과라는 점이다. 왜냐하면 지나치게 확장된 상극의 분열기운이 우주생명의 관계망 그 자체를 근본적으로 파괴시킬 수도 있기 때문이다. 따라서 후천의 자연개벽

> **선천개벽** | 우주1년에서 만물이 생성하고 성장하는 때
> **후천개벽** | 우주 가을에 만물을 성숙시키고 추수하는 때.

은 자연의 이법성을 따르면서도 그것을 재조정하는, 주재자의 창조적 작업인 것이다.

둘째, 인간개벽人間開闢의 원시반본이다. 인간개벽의 원시반본은 인간이 능동적 주체가 되어서 심법개벽을 통해 우주생명과 하나가 되어 우주적 합일을 성취하는 것을 말한다. 인간이 자기 자신의 존재근원으로 회귀하는 것이다. 인간은 현상적으로는 개체로서의 소우주이지만, 본질적으로는 전체로서의 대우주이다. 왜냐하면 인간은 우주생명의 통일적 자연작용을 근거로 하여 분화되어 나왔기 때문이다.

자연개벽은 우주생명의 주재자인 증산상제의 천지공사에 의해서 저절로 그러하게 이루어질 것이다. 하지만 아무리 자연개벽이 주재자의 창조행위에 의해서 우주변화의 이법과 질서로 준비되었다고 하더라도, 그것과 상호 감응관계를 지닌 인간이 우주생명과 하나가 되지 못한다면 자연개벽은 결실을 맺지 못한다. 왜 그런가? 자연질서는 궁극적으로 인간질서를 떠나서 따로 존재할 수 없기 때문이다. 따라서 자연개벽은 인간개벽으로 완성될 수밖에 없다.

셋째, 문명개벽文明開闢의 원시반본이다. 문명개벽의 원시반본이란 자연개벽을 전제로 하여 인간 자신의 삶의 바탕을 이루는 사회적 인간관계의 질서가 갈등과 대립의 분열관계를 넘어서 모든 사람이 하나로 어우러져 조화롭게 살 수 있는 신세계로 전환되는 것을 말한다. 다시 말해 우주생명의 새로운 우주적 삶의 존재방식의 틀을 중심축으로 삼아 인간의 자기변혁을 통해 인간사회의 상극적 삶의 존재양식의 틀을 상생적 삶의 존재방식의 틀로 근본적으로 변혁시키는 것이다. 후천의 선경조화의 세계가 바로 그것이다. 이런 신세계에서는 온 천하의 사람들이 한 집안을 이루는 세계일가의 통일적 문명을 구축한다. 화해와 조화의 상생관계를 이루는 대동세계大同世界의 구축이

새울 전경 | 봉황새가 둥지를 틀어 알을 품고 있는 형국으로 3변 결실도운의 기운을 간직한 곳이다.

그것이다.

이렇게 볼 때, 후천개벽의 원시반본이란 자연과 인간과 문명이 동시적으로 개벽되어 새로운 우주질서에 바탕을 둔 새 문명질서를 형성하는 것을 말한다. 이런 후천개벽의 원시반본은 세 가지 이념에 근거한다.

첫째, 보은報恩은 우주생명이 자신의 통일적 존재근거인 무극대도에 되돌아감으로써 천지의 은혜에 보답하는 것이다. 즉 우주생명이 유기적 통일성의 상태로 귀속함으로써 자신을 생성, 화육시켜준 자기의 존재근거인 천지부모에 화답하는 일이다. 여기에는 결국 천지와 인간의 새로운 관계를 어떻게 구현할 수 있는가 하는 문제가 포함

보은 | 생명의 근원적 은혜에 보답한다는 뜻.

마이산 탑사 | 석탑을 쌓은 이갑룡 처사는 미륵님을 조상하고 한평생 창생구제를 기원하는 기도를 올렸다.

되어 있다.

천지는 인간의 부모가 그런 것처럼 우주생명을 생성하고 화육시켜서 생명의 창조적 열매를 맺게 한다. 보은은 단순히 인간이 천지의 은혜를 갚는 차원에 한정되는 것이 아니라 천지의 생성화육의 공덕에 화답하여 그 천지의 대업을 완결짓는 것을 뜻한다. 온 생명이 상호 유기적 연관관계를 가지고 무극의 통일적 조화를 실현하여 제 자리로 돌아가는 것은, 곧 자신의 생명의 존재근거의 공덕에 대한 보답이 되는 것이다. 이는 인간이 자신을 살리는 것일 뿐만 아니라 천지만물을 살리는 길이기도 하다. 따라서 우주생명이 자신의 본래성으로 되돌아감으로써 천지부모와 원초적 관계를 정립하는 것이 바로 보은의 본래적 의미다.

둘째, 원한과 보복으로 얼룩진 악순환적 대립관계를 해소하기 위한 기본전제인 해원解冤이다. 해원은 선천세계의 자연질서와 인간질서의 구조적 모순과 한계로 인하여 생겨나는 우주생명 사이의 갈등과 불화의 관계를 근본적으로 해소하려는 관계조정을 말한다. 우주생명의 상극적 관계망을 상생적 관계망으로 뒤바꾸기 위한 관계망 조성에 그 핵심이 있다. 그것은 우주만물 사이에서 얽히고설킨 원한관계와 시비관계를 근원적으로 해소함으로써 새로운 관계질서를 조성하려는 것이기 때문이다.

해원 | 원과 한을 푼다는 뜻.

원시반본은 이 세계에 존재하는 모든 생명의 우주적 원과 한을 풀어버려야 가능하다. 선천세계에서 모든 생명은 선천질서의 상극의 운수에 갇혀 원과 한에 짓눌려 살았기 때문이다. 천지의 자연세계의 측면에서는 우주만물의 원한관계를 조화관계로 바꿈으로써 죽임의 살기를 해소하려는 것이다. 즉 상살相殺의 대립구조를 상생相生의 화해구조로 전환시키는 것이다. 인간의 문명세계의 측면에서는 인간 개인의 원한뿐만 아니라 사회적 부조리와 모순에서 비롯되는 인간과 인간 사이의 원한관계를 해소하려는 것이다.

그런데 문제는 이 세계의 모든 사물이 고립된 실체가 아니라 관계적 그물망의 구조를 이루고 있기 때문에 어느 한 사물이나 사람의 개별적 해원만으로는 원한의 문제를 해결할 수 없다. 한 사물이나 개인의 원한까지도 남김없이 해소하여 더 이상 원한으로 말미암아 발생하는 보복의 악순환이 없는 세계를 이루어야 한다. 따라서 원한을 근원적으로 해소하는 길은 개인적이고 부분적인 해원이 아니라 원과 한에 관계된 존재하는 모든 것의 해원이 함께 이루어짐으로써 종결될 수 있다. 그러기에 '해원'에는 자연질서와 인간질서의 원한관계를 동시적으로 전환시키려는 우주전체의 전일적 해원의 의미가 담겨있다.

셋째, 우주생명은 본래 서로 떨어질 수 없는 연관관계를 가진 유기적 생명체이기 때문에 자타가 서로를 살려주는 거대한 하나의 상생적 그물망의 구조를 지닌다. 그런데 문제는 우주생명이 선천세계의 구조적 한계에서 비롯된 자연질서와 인간질서의 상극적 질서로 인하여 원한관계를 맺음으로써 그 상생적 화해의 관계질서가 막혀있다는 점이다.

우주생명의 상극적 관계망을 상생적 관계망으로 전환하는 것이 바로 상생相生의 이념이다. 상생은 해원을 바탕으로 우주생명의 통일적 질서와 조화를 구현할 수 있는 우주적 관계망을 새롭게 설정함으로써 타자를 살림과 동시에 자기도 살릴 수 있는, 따로 또 하나로의 우주생명의 공동체적 관계망의 새로운 복원이자 회복이다. 따라서 상생도 보은이나 해원과 마찬가지로 단순히 인간사적 차원에 머무는 것이 아니라 자연세계의 우주적 상생과 문명세계의 사회적 상생이라는 이중적 의미를 동시에 함축하고 있다. 즉 우주문명적 상생이 바로 그것이다.

이상에서 살펴본 것처럼, 원시반본의 세 가지 실천이념에서 보은은 우주생명의 관계실현에 그 핵심이 있고, 해원은 우주생명의 관계해소에 그 중점이 있으며, 상생은 우주생명의 관계정립에 그 초점이 있다. 다시 말해 보은은 천지부모와 인간자식의 관계를 재정립하여 우주일가의 통일적 관계를 확보하는 것이고, 해원은 원한으로 얼룩진 우주생명의 상극적 대립관계를 해소하는 것이며, 상생은 우주생명의 상생적 조화관계를 회복하는 것이다.

> **상생** | 모든 생명이 자신도 살고 남도 살리는 살림의 관계를 이룬다.

천지공사의 궁극적 이념은 우주생명이 제자리를 찾아 궁극적 존재근원으로 회귀함으로써 생명의 근원적 공덕에 보답하는 보은관계를 실현하고, 시비로 대립하는 원한관계를해소하며, 나도 살고 남도 사는 상생관계를 정립하려는 데 있다. 따라서 천지공사는 우주전체를 굿판으로 하여 벌이는 우주문명적 해원굿이자, 상생굿이며, 보은굿이다.

3. 천지공사의 필요성

여기서 우리가 문제로 삼는 것은 왜 천지공사를 통해 새로운 우주문명의 판바꿈과 틀바꿈이 이루어져야 하는가 하는 것이

순창 농바우 | 원래는 장롱처럼 아래위 한짝 이었는데 상제님께서 공사보신 후부터 지금과 같은 모습이 되었다.

다. 즉 천지공사의 필연성을 추적하는 작업이다. 우리가 말하는 판이나 틀이란 단순히 인간사회의 활동무대를 지칭하는 것이 아니라 그것을 포함한 살아 움직이는 우주 그 자체의 생명활동을 총칭하는 것이다. 지금까지 인류는 우주만물의 자연질서에 대한 근원적 반성을 하지 못했다.

우주만물의 자연질서를 바라보는 관점은 크게 두 가지 관점으로 나눌 수 있다. 하나는 자연질서를 만물과 만물이 대립하고 투쟁하는 약육강식의 장소로 보는 입장이고, 다른 하나는 자연질서를 인간이 본받아야 할 가장 조화로운 질서를 가진 것으로 보는 입장이다. 그러나 자연질서 그 자체가 안고 있는 구조적 모순과 한계를 근본적인 문제로 제기한 경우는 유사이래 그 어디에서도 찾아볼 수 없다.

하늘 아래 존재하는 모든 것은 변화한다. 그렇기 때문에 그 어떤 것도 고정적으로 불변하는 실체일 수 없다. 우리가 살고 있는 이 천지도 그 어떤 고정된 실체로 따로 존재하는 기성품이 결코 아니다. 끊임없는 연속적 변화과정을 통해서 자기완성을 추구하고 있는, 살아 움직이는 역동적 존재이자 과정적 존재이다.

천지는 5만 년을 주기로 선천에서 후천으로 새롭게 뒤바뀌는 역동적 변화과정을 이룬다. 선천 5만 년 동안의 천지의 역동적 변화과정은 후천세계의 통일적 조화질서를 완성시키기 위한 준비과정이다. 여기서 준비과정이란 인간을 포함한 우주생명을 변화시키는 선천의 자연질서의 생장과정을 뜻한다.

그런데 문제는 자연질서가 미성숙된 과정에 있기 때문에 인류가 소망하는 지상낙원의 신문명을 건설하는 데 근원적 한계를 지니고 있다는 사실이다. 지금까지의 대부분의 사상가들은 이런 천지질서의 구조적 모순과 한계를 직시하지 못하고 오로지 인류문명의 한계를 인간의 타락에만 초점을 맞추어 왔다. 인간은 자연과의 교감을 떠나서 살 수 없는 존재이다. 그런데도 지금까지의 인류문명의 한계를 넘어서려는 사람들이 인간과 감응관계를 지닌 자연질서의 본질적 한계성을 도외시한 채 인간과 인간질서에만 문제의 초점을 맞추었다는 것은 그들 스스로 자기한계를 뚜렷하게 드러내는 것이라고 하지 않을 수 없다.

그렇다면 자연질서는 어떤 구조를 이루고 있는 것일까? 자연질서는 이중적 구조를 지니고 있다. 상극적 질서와 상생적 질서가 그것이다. 상극성과 상생성은 우주생명이 생겨나고 변화함에 있어 없어서는 안 될 변화원리의 양극성이다. 우주만물은 생명을 지속시키기 위한 방안으로 연속적 순환의 과정을 필요로 한다. 즉 생성과 성장과 수렴과 함장이라는 '생장염장'의 네 가지 시간적 순환을 이룬다. 우주만물이 이처럼 연속적 순환체계를 이루기 위해서는 필연적으로 생장과 성장의 분열성과 수렴과 함장의 통

> **생장염장** | 천지만물이 생겨나고 자라나며 열매 맺고 갈무리하는 변화과정.

일성의 두 체계가 동시적 상관관계를 통해 상호작용하지 않을 수 없다.

우주만물이 생장하기 위해서는 서로 대립하지 않을 수 없고, 성숙하기 위해서는 서로 보완하는 관계를 이루지 않을 수 없다. 대립과 조화라는 양면성을 띄지 않을 수 없는 것이 바로 우주변화의 원리다. 상극의 대립성이 있어야 우주생명이 생성되고 성장할 수 있으며, 상생의 조화성이 있어야 성숙되고 통일될 수 있기 때문이다. 이처럼 우주생명은 현상적으로는 생성과 성장의 상극성이 그 바탕을 이루지만, 본질적으로는 수렴과 응축의 상생성이 그 바탕을 이룬다. 그런데 문제는 상극의 분열성이 극단적 상태로 확산되면 상생의 통일적 조화성이 파괴될 수도 있다는 사실이다. 오늘날 현대문명의 생태적 파괴현상은 선천시대의 상극적 분열성이 극단적 한계상황으로 치달리고 있음을 극명하게 보여주고 있다.

그렇다면 천지가 구조적인 한계를 지니게 된 근본원인은 어디에 있는가? 우주생명의 원초적 불균형과 부조화는 천지의 조화운로를 가로막는 '삼천양지三天兩地'의 구조틀에서 비롯된다. 천지가 양의 과항현상을 일으키는 까닭은 천체의 중심축을 이루는 북극이 경사져 있기 때문이다. 북극의 경사로 인하여 지축이 23.5도로 기울어져 있기 때문에 양기는 남고 음기는 모자라는 현상이 일어나게 된다.

삼천양지 | 하늘의 양이 땅의 음보다 지나치게 많은 상태.

이 때문에 해와 달의 운동변화도 음양의 부조화현상이 빚어지게 된다. 이런 우주운행의 비정상적 질서를 한마디로 말해서 '억음존양抑陰尊陽'이라 부른다. 즉 서로 원활하게 소통을 이루지 못하는 닫힌 천지의 부조화와 불균형의 관계를 말한다. 천지 속에서 살아가는 인간을 포함한 모든 존재가 상극적 대립관계를 빚게 되는 것은 바로 이 음양질서의 부조화현상에서 비롯된다.

문제는 지금까지의 천지의 자연질서가 이 상극의 변화원리를 바탕으로 이루어져 있기 때문에 그 속에 존재하는 모든 것들이 서로 반목하고 대립할 수밖에 없다는 사실

억음존양 | 음을 억누르고 양을 높이는 것.

남고산 만경대 터 | 상제님께서는 전주 시내가 한 눈에 내려다 보이는 이곳에서 49일 동남풍 공사를 보셨다.

이다. 인간사의 모든 재앙과 비극의 원인은 상극원리에 종속된 우주만물 사이의 원한관계에서 비롯된다. 상극원리가 지배하는 세계에서 우주만물은, 구조적 모순과 부조리에 빠져 서로 그칠 줄 모르는 경쟁과 투쟁을 일삼으면서 원한관계를 맺지 않을 수 없다. 엎친 데 덮친 격으로 우주생명은 서로 생명의 기운을 주고받는 그물망의 감응구조를 이루고 있기 때문에 우주생명 가운데서 어느 한 생명이 원한을 품게 되면 그 원한의 기운이 천지조화의 변화작용을 가로막을 수 있다는 데 문제의 심각성이 있다. 달리 말하자면 한 생명의 원한이 천지의 기운을 차단할 수 있을 정도로 막강한 파괴력을 지니고 있다.

한 사람의 원한怨恨이 능히 천지기운을 막느니라. (『도전』 2:68:1)

이런 우주만물의 상극적 원리에 종속된 인간이 다른 사람과 원한관계에 휩싸임으로써 우주만물과 대립적 갈등관계에 상승작용이 일어나면서 인간세계뿐만 아니라 자연세계조차도 죽임의 살기로 흘러넘치게 된다. 원한은 우주만물의 유기적 연관관계를 단절시키는 결정적인 요인이다. 그렇기 때문에 천지의 천리와 인간의 인사가 근본적으로 잘못될 수밖에 없는 것이다.

중요한 것은 원한에 사무친 죽임의 기운이 천지에 넘쳐흘러 마침내 천지인 삼계의 관계망을 폭파시킬 수도 있다는 사실이다. 여기에 천지와 인간의 비극적 운명이 도사리고 있다. 천지와 인간의 상극적 질서를 상생적 질서로 바꾸지 않을 수 없는 그 이유가 바로 여기에 있다. 문제의 관건은 어떻게 하면 우주생명이 안고 있는 상극의 극단적 분열관계를 해소하여 상생의 통일적 조화관계로 전환시킬 수 있느냐 하는 것이다. 자연의 현상적 상극질서를 자연의 본질적 상생실서로 뒤바꿀 수 있는 방안이 무엇인가 하는 것이 바로 그것이다.

지금까지의 인류문명은 인간질서를 포함한 우주질서가 다같이 병들어 있음에도 불구하고 우주질서 그 자체는 도외시한 채 오로지 인간과 인간질서만을 문제로 삼아 그것을 치유함으로써 새로운 문명의 전환을 모색하였던 데 문제의 심각성이 있다. 인간질서와 유기적 상관관계에 있는 자연질서의 환부를 근원적으로 치유하지 않고 인간질서만을 문제로 삼는 것은 다음과 같은 사실로 비유할 수 있다. 이는 환자가 폐결핵에 걸려 열이 나는데도 불구하고 폐결핵을 근본적으로 치유할 생각은 하지 않고 해열제로 열을 내리려고 하는 것과 같다. 천지와 문명이 다같이 혼란에 휩싸여 병들어 있는 상황에서 인간문명을 우주적 차원에서 본질적으로 해결하기 위해 등장하는 것이 바로 증산상제의 천지공사이다.

4. 천지공사의 전개과정

개벽開闢은 '천개지벽天開地闢'의 줄임말이다. 고대중국에서
천지개벽은 본래 하늘과 땅이 열리고 갈라진다는 우주만물의
생성론적 질서의 새로운 시작을 말한다. 이는 우주생명의 자연
적 분화과정을 설명하는 것으로 자연사적 의미를 함축하고 있
다. 특히 중국 한대철학의 기론적 사유방식에서 천지개벽은 하
늘의 기운과 땅의 기운이 열리고 갈라져서 카오스의 혼돈으로
부터 코스모스의 질서가 생겨났음을 말한다.

고대 중국인에 의하면 하늘과 땅이 열리고 갈라지기 이전에
는 우주만물이 하나의 기운으로 합쳐져 있었다. 즉 '일기一氣'
의 혼돈상태로 있었다. 이 혼돈의 상태는 모든 것이 따로 떨어
짐이 없이 하나로 합치되어 있는, 살아 움직이는 우주 생명력의
통일적 상태였다. 그러던 것이 일기一氣가운데 맑고 가벼운 기
운은 올라가 하늘이 되고 무겁고 혼탁한 기운은 내려가 땅이
된다. 이렇게 해서 하늘과 땅이 있게 된 것이다. 이
것이 천지개벽의 구체적인 내용이다. 하지만 여
기서 우리가 간과해서는 안 되는 점은, 고대 중
국에서 말하는 천지개벽은 우주만물의 자연세

> **개벽** | 천개지벽의
> 준말. 하늘과 땅이
> 처음으로 열리는 상태.
> **일기** | 모든 기운이
> 하나로 합쳐 있는
> 상태.

경주 용담정 | 동학의 수운 최제우가 득도한 곳이다.

계와 연관된 것일 뿐 인간사회의 문명세계를 가리키는 것은 아니라는 사실이다.

그런데 이 천지개벽이 19세기 새 세상을 꿈꾸는 조선의 지성인들에 의해서 전혀 다른 의미맥락에서 사용된다. 그것은 조선의 지성인들이 중국과는 달리 천지개벽을 단순히 자연사적인 관점에서 규정하기 보다는 자연사와 함께 시작된 문명사적 관점에서 정의함으로써 자연세계의 시작뿐만 아니라 문명세계의 시작을 의미하는 것으로 그 의미가 확대되기 때문이다. 이런 의미전환의 교두보를 마련한 것은 최수운崔水雲(1824~1864)이다. 최수운은 『용담유사龍潭遺詞』「몽중노소문답가夢中老少問答歌」에서 '다시 개벽'이란 용어를 사용하면서 새로운 세상이 다시 열린다고 본다. 그는 태초의 천지개벽이후 5만 년 만에 다시 맞는 새 개벽을 강조한다.

이런 최수운의 '다시 개벽'론을 새로운 차원으로 전개시킨 논의가 등장하는데, 그것이 바로 증산상제의 후천개벽론이다. 최수운과 증산상제의 개벽론의 차이점은 증산상제 자신이 직접 후천개벽을 주재한다는 점이다.

증산상제가 인간의 위치에서 천지만물의 변화질서를 바로잡는 천지공사를 볼 수 있었던 것은 무엇 때문일까? 증산상제가 천지공사를 볼 수 있었던 가능근거는 삼계를 주재할 수 있는 조화권능을 가지고 있었기 때문이다. 증산상제의 삼계대권의 주재성은 신도질서를 자유자재로 운용할 수 있는 조화권능에서 비롯된다.

천지공사의 기초는 '천지대신문天地大神門'을 여는 데 있다. 천지대신문이란 천지질서를 주관하고 있는 신도세계를 통일하여 상극적 우주질서를 상생적 우주질서로 전환함으로써 신천지의 새 질서를 확립하려는 것이다. 천지의 운행질서를 가능케 하는 원동력은 어디에 있는가? 신도의 조화성造化性에 있다. 우주만물이 저절로 그러하게 변화하는 것은 사실이지만, 그러나 모든 변화의 이면에는 그것을 주관하는 주재자의 주재 작용이 들어있다. 천지신명의 조화작용造化作用이 바로 그것이다. 여기서 우리가 말하는 천지신명의 조화작용이란 인간의 감각기관을 가지고는 포착하기 어려운 우주만물의 창조적 변화작용을 말한다. 따라서 신도질서의 재조정 작업이 없이는 우주생명의 창조적 조화작용이 제대로 이루어질 수 없는 것이다.

그런데 선천의 구천지에서는 신도질서가 상극질서에 종속되어 분열되어 있었기 때문에 창조적 조화작용이 원만하게 발현될 수 없었다. 이런 맥락에서

> **천지대신문** | 신천지의 신도의 큰 문을 활짝 연다는 뜻.

증산상제는 천지의 대신문을 열어서 신도로써 우주만물의 시공질서와 인간사회의 문명질서를 개벽하려고 한다. 그렇다면 증산상제는 구체적으로 어떤 방식에 의해서 새로운 우주문명을 개벽하는 창조적 기획작업을 수립하는 것일까?

첫째, 천지질서를 뒤바꾸는 개벽작업이다. '천지개벽'이 그것이다. 여기서 천지개벽이란 묵은 하늘과 낡은 땅을 개조하는 작업이다. 앞서 언급한 것처럼, 천지는 신도의 매개작용에 의해서 이루어지는 신도천지이다. 그럼에도 불구하고 신도가 상극적 우주질서에 종속되어 제 역할을 수행하지 못하였기 때문에 그 본래의 작용을 발현할 수 없었다.

선천에서는 묵은 하늘이 낡은 땅과 통일적 조화를 이루지 못함으로써 하늘과 땅이 제각기 닫힌 구조체계를 이루었다. 하늘과 땅의 닫힌 관계를 상징적으로 보여주는 '천지비天地否'가 그것이다. 하늘과 땅이 상극질서에 매여 있기 때문에 천지 속에 존재하는 모든 것이 갈등과 반목을 이루게 된다.

천지개벽은 크게 두 가지로 나눌 수 있다. 하나는 천도개벽이다. 천도개벽은 해와 달과 별의 하늘의 운행질서를 새롭게 뜯어고치는 일이다. 즉 기존의 구천지의 상극적 변화질서를 뜯어고치는 새 도수짜기이다. 이 때문에 증산상제는 신도세계를 통합하는 통일신단을 통해 천과 지의 불통

천지비 | 하늘과 땅이 서로 소통하지 못하는 상태
조화 | 천지만물의 신묘한 변화작용.
정음정양 | 음과 양이 가장 완벽한 조화를 이룬 상태.

의 관계를 소통의 관계로 전환시킴으로써 우주만물을 압살하는 죽임의 기운을 살림의 기운으로 전환시키려고 한다. 즉 천지의 조화운로를 가로막는 '삼천양지'의 구조틀에서 비롯된 '억음존양'의 상극질서를 '정음정양'의 상생질서로 개벽하는 일이다.

천도개벽으로 시공질서는 두 가지 큰 변화가 일어난다. 하나는 동북방으로 기울어진 자전축이 정남과 정북으로 정립되는 공간질서의 변화이다. 다른 하나는 360¼의 타원궤도를 이루고 있는 공전궤도가 360일의 정원궤도로 뒤바뀌는 시간질서의 변화이다. 이런 시공질서의 변화로 인하여 '편음편양'하던 음양의 기운이 '정음정양'을 이루어 이상적인 균형과 조화를 이루게 된다.

다른 하나는 지도地道개벽이다. 땅은 대지 위에 살아가는 인간의 삶의 바탕이다. 땅의 기운은 인간의 삶의 존재방식에 결정적인 영향을 미친다. 그런데 문제는 땅기운이 하나로 조화를 이루지 못하기 때문에 서로 다른 지역에 살아가는 사람들끼리 대립·반목할 수도 있다는 사실이다. 이런 맥락에서 증산상제는 지운地運과 지령地靈을 통일함으로써 천지의 조화기운을 되살리려고 한다.

증산상제는 전주의 모악산과 순창의 회문산

> **편음편양** | 음과 양이 각기 어느 한 쪽으로 치우친 상태.
> **지운** | 땅의 운세.
> **지령** | 땅의 신령스러운 기운
> **모악산** | 전주에 있는 산. 지구촌의 분열된 기운을 통일하는 가을 우주의 어머니 산.
> **회문산** | 순창에 있는 산. 전 지구의 기운을 제어하고 통일하는 가을 우주의 아버지 산

을 각기 천지의 부모산으로 삼고, 네 곳의 좋은 땅기운을 하나로 응축시켜서 전 세계의 땅기운을 통일한다. 이는 마치 집을 지을 때 먼저 기초를 파고 네 기둥을 세워서 서까래를 얹는 것처럼, 부모산으로 기초를 마련하고 네 명당으로 네 기둥을 세우는 것과 같은 이치다. 부모가 한 가정의 가장으로서 모든 가족을 통솔하는 것처럼, 땅기운을 통일하려면 무엇보다 부모산에서 시작하지 않을 수 없다. 이것이 지도개벽이다.

둘째, 신도개벽이다. 증산상제는 분열된 신도를 통합하여 통일신단을 구축함으로써 조화정부를 구성한다. 조화정부란 달리 표현하면 신도의 조화정부를 말한다. 왜냐하면 신도의 창조적 조화작용을 원활하게 운용하기 위한 새로운 우주문명의 집

금평제에서 건너다 본 모악산 | 물이 가득 찬 금평제 건너편으로 모악산 정상 천황봉에 설치된 송신탑이 보인다. 왼쪽은 제비산, 오른쪽으로 수양산이 자락을 드리우고 있다.

행부이기 때문이다.

왜 조화정부를 설립해야 하는가? 조화정부는 구천지의 상극질서를 신천지의 상생질서로 바꾸려는 데 그 목적이 있다. 우주 생명의 창조적 조화작용을 신도의 매개관계를 통해 최대한으로 발현케 하려는 것이다. 우주에서 일어나는 모든 일은 신명의 매개작용을 통해 우주이법에 근거해서 인사로 전개되기 때문에 신명의 통일적 작용이 없다면 제대로 이루어질 수 없다.

크고 작은 일을 막론하고 모든 일을 신도로써 집행하면 하는 것이 따로 없어도 저절로 그러하게 현묘불측玄妙不測한 공적을 이룰 수 있다. 왜 그런가? 신도의 조화작용은 '무위이화

현묘불측 | 지극히 깊고 오묘하여 헤아릴 수 없다는 뜻.

무위이화 | 억지로 함이 없이 저절로 그러하게 변화시킨다는 뜻.

눈 덮인 겨울 회문산 | 모악산과 함께 부모산을 이룬다. 상제님께서 이 산에 있는 오선위기 형국의 기운을 취해여 세계의 운로를 정하셨다.

無爲以化'로 이루어지기 때문이다. 즉 '무위이화'는 신도세계의 조화법칙으로 인간의 감각기관을 가지고서는 그것이 우주생명을 어떻게 변화시키는 것인지 알 수 없을 정도로 현묘하게 변화시키기 때문이다. 요컨대 신도의 조화작용은 그 어떤 것을 따로 변화시키는 것이 없으면서도 모든 것을 변화시키지 않는 것이 없다. 조화정부는 신도를 통합하여 하나의 통일신단을 구축하고, '무위이화'하는 그 신도의 조화작용을 발판으로 삼아 천지의 조화造化와 인간의 조화造化를 삼위일체적으로 조화調和시키려는 것이다.

조화정부의 구성원은 크게 다섯 가지 범주의 신명들로 구성된다. 첫째, 지상의 문명을 밝게 빛내었던 '문명신文明神'이다. 둘째, 세계 각 민족들의 주재신인 '지방신地方神'이다. 셋째, 원을 맺고 죽은 신명인 '원신冤神'이다. 넷째, 세상을 변혁시키려다가 실패하고 억울하게 죽은 신명인 '역신逆神'이다. 다섯째, 각 성씨의 조상이 되는 '선영신先靈神'이다.

증산상제는 조화정부를 설치함으로써 세계질서에 공헌한 문명신의 위계구조를 새롭게 설정하고, 서로 갈라져 싸움을 일삼던 각 지역의 지방신을 통합하고, '원신'과 '역신'의 원한을 풀어주고, '선영신'을 조화정부에 참여케 하여 인종을 추리는 후천 개벽기에 후손의 살길을 되찾게 한다.

원신 | 깊은 원과 한을 품고 죽은 신명.
역신 | 혁명에 실패하고 죽은 신명.

하지만 조화정부의 신명들이 이 다섯 가지 신명들로 한정되는 것은 아니다. 왜냐하면 이 다섯 가지 신명이외에도 여러 가지 신명들이 있어 조화정부의 구성원으로 참여하고 있기 때문이다. 이런 조화정부를 구성함에 있어서 가장 중요한 원칙은 해원과 통일이다. 선천 오 만년 동안 축적되어온 신명들 사이의 원한관계를 해소시켜 주고 분열관계를 통일시켜 주는 것이, 바로 천지신명의 조화작용을 이끌어낼 수 있는 초석이 되기 때문이다. 그런데도 지금까지의 인류를 구원하려는 사상가들의 사유방식에는 이런 신명에 대한 뚜렷한 인식이 결여되어 있다.

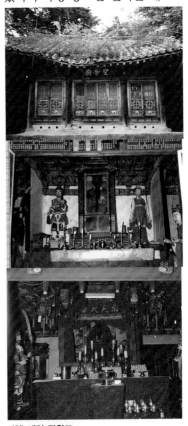

(위) **태인 관왕묘**
(아래) **전주 관왕묘 내부** | 관운장을 모신 사당이다. 태인 관왕묘는 지금 없어졌다.

셋째, 인도개벽이다. 인간의 심법개벽을 통한 새로운 문명질서를 개벽시키려는 것이 바로 그것이다. 이는 인간의 삶의 틀을 총체적으로 변혁하려는 것이다. 문명질서란 단순히 추상적 관념의 산물이 아니라 사람과 사람 사이의 현실적 관계의 산물이기 때문에 문명질서를 개벽하기 위해서는 무엇보다 먼저 인간 자신이 개벽되어야 한다.

인간은 단순히 소우주의 차원에 머무는 것이 아니다. 그것은 인간의 마음이 우주생명과 하나로 통일될 수 있는 역동성을 지니고 있기 때문이다. 인간이 소우주로서 개별적 형체를 가지고 있지만 대우주로서 우주생명과 통일적 조화를 이룰 수 있는 바탕은 '일심'이다. '일심'은 자기 자신을 포함한 이 세계에 존재하는 모든 것을 하나로 감싸 안을 수 있다. 인간은 모든 것과 하나로 소통할 수 있는 창조적 존재이기 때

일심 | 한 마음.

담양군 무이동면 도리 | 현재 담양군 무정면 성도리武貞面 成道理.
경진庚辰(道記1880)년 3월 26일에 태모 고수부님께서 탄강하신 성지이다.

문에 우주보다 더 큰 우주적 존재라고 할 수 있다. 왜냐하면 인간이 천지와 하나가 되는 천지일심을 통해 우주생명의 창조적화육을 주체적으로 실현할 수 있기 때문이다.

그런데도 인간은 타자와 둘로 나누어지는, 주객이분법적 존재라는 그릇된 사유방식의 타성과 습성에 젖어 있다. 문제는 인간은 태어나면서부터 개별적 형체를 지니고 있기 때문에 외물과 대립될 수밖에 없는 형체적 한계성을 지닌다는 사실이다. 여기에 인간존재의 근원적 비극이 도사리고 있다. 개별적 형체를 지닌 인간이 자기 개인의 자의적 욕망과 대상적 인식에 빠져서 자타를 나눔으로써 스스로 다른 모든 것과의 관계를 자의적으로 단절하기 때문이다.

또한 오늘날 고도로 발달된 과학기술 문명은 인간을 포함한 우주생명의 관계망을 조작하고 상품화하며, 유통화하는 단계에 이르고 있다. 따라서 문제의 관건은 어떻게 하면 인간이 자신의 본래성을 자각하고 우주생명과의 조화로운 관계를 새롭게 회복할 수 있느냐 하는 점이다. 그 핵심은 '신인합일神人合一'과 '신인합발神人合發'에 있다. 이는 인간에 내재한 신명神明을 어떻게 회복할 수 있느냐에 그 핵심이 있다.

천지개벽과 신도개벽을 통해 인간과 신명의 조화로운 관계를 모색함으로써 상극질서에 예속된 인간을 '신인합일'된 새로운 사람으로 만드려는 것이 바로

> **신인합일** | 신과 인간이 하나로 합치하는 것.

인도개벽이다. 따라서 인도개벽의 핵심은 인간을 신도인간으로 전환하는 데 있다. 거듭 말하자면 인간에 내재된 신명성(영성)을 온전하게 구현한 새로운 창조적 인간으로 만드는 데 인도개벽의 핵심적 관건이 있다.

천지공사는 신도를 중심축으로 삼아 천지인의 삼계를 통합하여 우주생명의 통일적 조화를 이루는 무극대도의 신세계를 열려는 것이다. 따라서 천지공사는 결국 천도와 인도에 가장 합당한 방식으로 새 세상의 판도를 조금의 빈틈도 없이 완벽하게 짜놓은 것이라고 할 수 있다.

천지공사의 무극대도의 개벽작업은 원시반본의 3대 실천이념인 해원, 상생, 보은에 그 바탕을 두고서 두 가지 방식을 통해 구체적으로 실현된다. 세운世運과 도운道運이 그것이다. 세운은 세상의 운로를 뜻하는 것으로 인간세상의 역사질서가 완결되어 가는 전개과정을 뜻하고, 도운은 대도의 운로를 뜻하는 것으로 증산상제의 무극대도의 가르침이 지상에 구현되어 가는 전개과정을 뜻한다.

인류사의 전개과정이나 무극대도의 실

세운 | 세계질서가 흘러가는 길.
도운 | 대도질서가 흘러가는 길.

현과정도 우주변화의 원리에 그 존재론적 기반을 두고 있다. 우주생명이 생성하고 성장하며 완숙되는 생과 장과 성이라는 세 가지 단계의 변화과정을 거치는 것처럼, 세계질서와 대도질서도 세 가지 단계의 변화과정을 거쳐서 완결된다. 연극으로 말하자면 제3막으로 구성되어 있다. 이 3막을 달리 표현하여 '삼변성도三變成道'(『도전』 5:356:4)라고 한다. 세계질서의 세운과 대도질서의 도운이 다같이 삼변 과정을 거친다는 뜻이다.

세계질서는 '오선위기五仙圍碁'에 의해서 '애기판 씨름'과 '총각판 씨름'과 '상씨름판 씨름'이라는 삼변의 과정을 통해 이루어진다. 오선

> **삼변성도** | 모든 일이 세 번의 변화과정을 통해서 마침내 완성된다는 뜻.
> **오선위기** | 다섯 신선이 바둑판을 에워싸고 있다는 뜻. 한반도를 중심으로 4대 강국이 대치하고 있는 국제정세에 비유한 것.

만동묘 | 만동萬東은 '만절필동萬折必東'의 약자로 '만번을 굽이치고 꺾어져도 반드시 동으로 간다'는 의미이다. 이는 간艮도수가 실현되는 한반도의 새 역사 정신을 말한다.

위기란 천하의 대세를 다섯 신선—두 신선은 바둑을 두고 두 신선은 훈수를 두며 한 신선은 주인—이 바둑을 두는 형국에 비유한 것인데, 조선을 중심으로 네 열강이 세계질서를 다투는 것을 말한다.

오선위기론에 의한 세계질서의 운수는 씨름판에 비유된다. 씨름판은 본래 씨름하는 사람의 나이와 수준에 따라 세 판—어린이들이 하는 애기판, 총각들이 하는 총각판, 성인들이 하는 상씨름판—으로 나뉜다. 세계 4대 강국이 조선을 중심으로 세력균형의 판도가 변화되어 가는 과정을 씨름판으로 설명하면, 열강들이 씨름판의 주인인 조선을 둘러싸고 세력을 다투는 제1차 세계대전의 애기판과 제2차 세계대전의 총각판을 거쳐서 씨름판의 주인인 남북끼리 최종적으로 힘을 겨루는 상씨름판으로 종결된다.

세운공사가 남북의 상씨름판으로 마무리되는 그 궁극적 의미는 어디에 있는가? 한반도의 통일은 21세기 인류사의 궁극적 비전을 담고 있다. 남북 사이의 분단은 단순히 지역적 분열차원을 넘어선다. 그것은 남북관계가 선천세계의 인류사의 이념적 갈등과 대립의 극점을 상징적으로 보여준다. 따라서 남북의 융합은 세계가 한집안을 이루는 후천세계의 새로운 문명틀로 나아가는 마지막 갈림길의 단계를 예시하는 것이다.

대도질서도 세계질서와 마찬가지로 삼단계의 변화과정을 거친다. 고수부가 처음으로 교단을 창립하여 무극대도 운세의 씨

앗을 뿌린 최초의 생성단계인 제1변 도운과 성장단계인 제2변 도운을 거쳐서 성숙단계인 제3변 도운에서 완성된다. 증산상제는 '수부공사首婦公事'를 통해 여성에게 종통과 도통이 계승될 수 있도록 함으로써 우주질서의 '정음정양'의 확립이라는 제1변 도운의 의미를 던져주고 있다. 증산상제가 고판례를 '모든 여성의 우두머리'로 삼은 것은 후천세계의 정음정양의 이치를 밝힌 것이다. 모든 일은 '독음독양獨陰獨陽'으로는 이루어질 수 없고, 음양의 조화를 필요로 하기 때문이다. 따라서 제1변 도운은 정음정양의 후천세계를 건설하려는 천지공사의 구체적인 작업의 일환인 것이다.

제2변 도운과 제3변 도운은 후천세계의 신천지에 입각한 신문명 개벽을 구체적으로 개창하고 완성하는 공사이다. 증산상제와 고수부가 '음양합덕'의 관계로 짜놓은 신천지의 기틀을 〔謀事在天〕 신문명으로 결실을 맺는〔成事在人〕 인사대권의 공사인 것이다. 제2변 도운은 제1변 도운을 계승하여 이를 추수하고 결실을 맺을 수 있는 새로운 인물을 일깨우는 공사이고, 제3변 도운은 제2변 도운의 성장과 발전과정을 총체적으로 수렴하여 이를 최종적으로 매듭지어 천지공사의 대업을 완수시키는 공사이다.

그런데 여기서 우리가 주목해야 할 점은 제3변 도운의 천지공사의 대업이 그 어떤 한 사람

수부공사 | 여성에게 천지대업의 종통과 도통을 맡기는 일.
모사재천 | 일을 도모하는 것은 하늘에 달려 있다는 뜻.
성사재인 | 일을 성취하는 것은 사람에 달려 있다는 뜻.

에 의해서 이루어지는 것이 아니라 두 사람에 의해서 마무리된다는 사실이다. 이는 천지일월의 자연원리에 그 근거를 두고 있다. 제1변 도운이 증산상제와 고수부의 '천지합덕'의 관계로 이루어진 것처럼, 제3변 도운의 완성도 '일월'처럼 떼레야 뗄 수 없는 관계로 맞물려 있는 두 사람의 합덕관계로 이루어질 수밖에 없다. 즉 천지가 본체(體)가 되고 일월이 작용(用)의 관계를 이루는 것처럼, '천지'의 본체와 짝을 이루는 '일월'의 덕을 가진 두 사람에 의해서 천지공사의 대업은 완결된다.❖

5. 천지공사의 목적

천지공사의 궁극적 목표目標는 어디에 있는가? 천지공사는 선천세계의 상극질서를 뜯어고쳐서 후천세계의 상생질서로 뒤바꾸려는 예정된 시간표로서, 우리가 살고 있는 이 지상 위에 선경세계를 건설하려는 데 그 궁극적 목표가 있다.

천지공사는 후천 선경세계의 프로그램 — 천지를 개벽함으로써

> **천지합덕** | 하늘과 땅이 공덕을 합치하는 일.

우주문명을 기획하는 설계도 — 로 제시된 것이기 때문에 건축에 비유하면 기초공사에 지나지 않는다. 그 완성은 어디까지나 우주생명의 창조적 조화주체인

❖ 윤창렬, 「『도전』 간행의 당위성과 역사성」, 『증산도사상』 제4집, 대전, 증산도사상연구소, 2001, 31–31쪽.

인간의 손에 의해서 이루어질 수밖에 없다. 증산상제는 천지공사로 '평천하平天下'하여 우주문명의 바탕판을 짜놓고, '치천하治天下'로 새로운 우주문명을 건설하는 것은 인간에게 맡겼다. 다시 말해 천지공사의 기획작업은 후천의 자연개벽이 이루어지는 터전만을 제공한 것이기 때문에 후천의 선경세계의 실현은 인간이 그 우주적 질서와 하나가 되려는 인간개벽을 통해 성취될 수밖에 없다.

후천 선경세계를 실현하기 위한 행위규범은 자연질서와 인간질서가 상호 감응관계와 상호 작용관계에 있다는 사실을 전제로 삼는다. 천지의 변화질서와 인간의 실천적 기회를 하나로 묘

변산 개암사 ┃ 상제님께서 큰 비를 내리게 하시어 신원일 성도의 개벽타령을 경계하신 곳이다.

합할 수 있는 방안을 모색하는 일이다. 이는 자연질서와 인간질서의 동시적 전환을 뜻한다.

지금은 선천 5만 년의 자연사가 우주일년의 봄과 여름의 분열기를 거쳐서 가을의 통일기로 전환하는, 무극대도의 운수가 도래하는 시기이다. 후천의 자연개벽이 바로 그것이다. 하지만 후천개벽은 자연개벽으로 완성될 수 없다. 왜냐하면 구천지의 상극질서가 아무리 신천지의 상생질서로 전환되는 자연개벽이 이루어진다고 하더라도 우주생명의 열매인 인간이 없다면 빈 껍질에 불과하기 때문이다.

지금까지 인간사의 모든 일은 인간이 일을 도모하고 그 일의 성취여부는 전적으로 하늘에 의존해야 했다. 하지만 증산상제가 이 땅에 내려와 천지공사를 집행함으로써 후천 선경세계의 새로운 기틀을 짜놓았기 때문에 그 일을 완성하는 책임이 인간에게 맡겨진 것이다. 증산상제는 이런 맥락에서 우리가 살고 있는 이 시대를 '인존시대'로 규정한다. 하늘과 땅보다 인간이 더욱 존귀한 시대가 온다는 것이다.

하지만 지금 이 시대를 인존시대라고 규정한다고 해서 인간이 단순히 하늘과 땅보다 더 존귀하다는 것을 뜻하지는 않는다. 인존시대는 인간이 우주경영의 책임자가 되어서 능동적인

인존시대 | 인간이 가장 존귀하고 중요한 일을 하는 때.

역할을 수행해야 한다는 것을 단적으로 보여주는 선언적 명제로서, 하늘과 땅보다 인간의

책임과 역할이 더 막중한 시대라는 뜻이다. 그것은 우주가 가을개벽의 시대를 맞이하여 그동안 공들여 생육하여 왔던 인간을 포함한 우주만물을 성숙시키기 위한 방안으로 무엇보다 먼저 자신의 완성을 도모하는 천지성공시대이기 때문이다.

이제 남은 문제의 핵심은 인간이 어떻게 그 천지성공시대에 발맞추어 인간성공시대를 이룰 수 있는가 하는 것이다. 즉 천지성공과 인간성공을 어떻게 하나로 묶을 수 있는가 하는 것이다. 따라서 이제 공은 인간의 손으로 넘어온 것이다. 인간이 천지와 손을 맞잡고 후천 선경세계를 이룰 수 있는 절호의 기회를 잃느냐 잃지 않느냐 하는 갈림길에 서있다.

후천 선경세계의 실현여부는 이제 인간의 몫이다. 증산상제가 우주통치자로서 이 땅에 인간의 몸을 받아 태어나서 천지공사를 통해 우주적 질서를 새롭게 고칠 수 있는 조화권능을 보인 그 이유는 바로 인간이 우주경영의 책임자로 발돋움해야 한다는 것을 몸소 보여준 창조적 행위다. 따라서 인간의 최종적 목표는 자기의 심법개벽을 통해 우주만물과 하나가 되어 우주일가의 통일세계를 열어서 우주생명의 통일적 조화를 성취하는 무극대도를 실현해야 하는 것이다. 여기에서 천지공사의 기획작업이 최종적으로 완수되는 것이다. 이렇게 볼 때, 천지공사의 최종적 완결점은 결국 인간에게 달려있는 것이라고 해도 지나친 말이 아니다.

조화권능 | 모든 것을 창조적으로 변화시킬 수 있는 주재자의 주재능력.

우리가 주의해야 할 것은 천지공사로 이루어지는 후천개벽에 이중성이 포함되어 있다는 사실이다. 우주생명의 파괴와 창조라는 이중성이 그것이다. 한마디로 말해서 창조적 파괴성을 지니고 있다. 자연질서의 순환적 이치조차도 우주생명을 새롭게 창조하기 위해서는 파괴하지 않을 수 없다. 예컨대 가을나무는 그동안 자신이 길러왔던 소중한 자기의 분신인 나뭇잎조차도 새로운 생명의 탄생을 위하여 가차없이 떨구어 버린다. 가을의 기운은 분열의 기운을 죽임으로써 새로운 생명의 창조적 결실을 만들어내는 것이다. 그러기에 천지는 모진 듯(不仁)하지만 모질지 않다(仁). 이처럼 후천개벽에 이중성이 있기 때문에 그 속에 존재하는 인간도 두 가지 운명 가능성을 지니고 있다. 떨어

제비산 중턱에서 내려다본 금평 저수지 | 본래 이곳에는 개울이 흐르고 논과 집들이 있었는데 상제님 공사에 의해 1961년 저수지가 되었다.

진 잎사귀들처럼 청소부에게 수거되어 아무 짝에도 쓸모없이 불태워져 없어지느냐, 아니면 새로운 생명을 창조하기 위한 한 알의 소중한 밀알이 되느냐 하는 것이다.

　구천지가 새롭게 개벽되려고 하는 지금 이 시점에서 무엇보다 중요한 것은, 후천개벽의 '낙엽귀근'의 섭리에 순응하여 우리 인간이 새로운 우주문명을 창조하기 위해 무엇을 해야 하는가를 자각하는 일이다. 따라서 인간의 모든 활동 그 자체는 바로 구천지의 구문명을 개벽하고 신천지의 신문명을 창조하는, 후천 선경세계를 여는 활동 그 자체여야 한다. 여기에 인간의 궁극적 목표와 책임이 있다.

금평제에서 바라본 모악산 | 신천지의 어머니 산이다. 왼쪽은 제비산이다.

6. 천지공사의 의의

동서고금을 막론하고 많은 사람들의 공통된 바람이 있다. 새로운 세상에 대한 "타는 목마름의 갈망"이 그것이다. 하지만 사람들은 저마다 서로 다른 세계관과 방법론에 입각하여 새로운 세상을 추구하고 있다. 어떤 사람들은 인간중심적 사유방식을 포기하고 우주만물의 궁극적 존재근원인 자연질서로 회귀함으로써만이 새 세상을 맞이할 수 있다고 주장하고, 어떤 사람들은 인간중심적사유방식에 입각하여 인간이 축적한 과학기술을 더욱 발전시킴으로써 새 세상을 열 수 있다고 주장한다. 자연중심적 입장에 서든, 인간중심적 입장에 서든 근본적 한계가 있다. 그것은 인간세상과 맞물려 있는 자연질서 그 자체에 대한 근원적 반성이 결여되어 있기 때문이다.

증산상제는 세계와 인간을 바라보는 사유방식의 혁명적 전회를 제시한다. 그것은 자연과 문명의 이중성을 정확하게 직시한 데서 비롯된다. 선천세계의 상극적 자연질서와 후천세계의 상생적 자연질서, 선천세계의 상극적 문명과 후천세계의 상생적 문명이 그것이다. 선천세계와 후천세계의 자연질서와 문명질서가 다같이 본질적으로 자연질서와 문명질서라는 측면에서는 동일하지만 현상적으로 작동방식이나 운용방식의 측면에서 구분된다.

증산상제는 삼계대권의 조화권능을 주재하여 천지공사를 집행함으로써 불균형과 부조화를 이루던 선천세계를 균형과 조화를 이루는 후천세계로의 운로를 개벽하였다. 증산상제의 핵심종지는 자연, 인간, 문명을 삼위일체적으로 개벽함으로써 '우주일가宇宙一家' 또는 '세계일가世界一家'의 전일적 문명을 건설하려는 후천개벽의 무극대도에 있다. 그렇다면 묵은 하늘 낡은 땅 헌 세상을 새 하늘 새 땅 새 세상으로 여는 천지공사의 후천개벽 작업은 어떤 의미를 지니는가?

첫째, 천지공사는 인류구원의 새 프로그램이다. 천지공사는 구원의 방법론을 제시하는 데 있어 기존의 사유방식과는 그 차원을 달리한다. 기존의 대부분의 사유방식은 인간구원의 방법론에만 한정된다. 그러나 천지공사는 인간구원의 방법론만으로 제시된 것이 아니다. 인간의 구원을 인류사적 차원을 넘어서 우주사적 차원에서 실현하려는 것이기 때문이다. 천지공사는 인간의 구원을 위해 자연질서와 인간질서를 총체적으로 뜯어고쳐서 우주와 문명을 아울러 구원하려는, 우주문명을 재창조하려는 대공사이다.

따라서 천지공사는 단순히 자연의 생태적 파괴위기와 인간의 정체성 상실위기와 사회의 공동체성 붕괴위기라는 현대사회의 총체적 위기상황으로부터 새로운 돌파구

> **우주일가** | 우주만물이 한 가족이 된다는 뜻. 세계일가와 같은 뜻.

를 열어주는 문명사적인 대안을 넘어서고 있다는 데 그 본질적 의의가 있다. 그것은 자연과 자아와 사회에 대한 근본적 성찰을 통해 구천지와 구문명의 상극적 관계망을 신천지와 신문명의 상생적 관계망으로 새롭게 바꾸어주는 우주문명사적인 의미를 지니고 있기 때문이다. 여기에 천지공사의 본질적 핵심이 있다.

둘째, 천지공사는 기존의 사상가들이나 종교가들이 꿈꾸던 환상적 유토피아나 몽상적 이상낙원과는 그 차원이 다르다. 왜냐하면 증산상제의 천지공사는 우주변화의 필연적 자연이법에 근거하여 우리가 생존하고 있는 [지금 그리고 여기서]의 지상낙원을 모색하기 때문이다.

증산상제의 천지공사는 인류가 몸담고 있는 [지금 그리고 여기서]의 지상천국을 실현하려는 것으로, [이상을 현실화하고] [현실을 이상화]함으로써 이상과 현실을 이분화하지 않는 데 그 본질적 특성이 있다. 이는 후천의 선경낙원을 구체적인 현실세계에서 추구해야지 현실세계를 떠난 다른 곳에서 따로 추구해서는 안 된다는 것을 강조하는 것이다. 따라서 인간의 영원한 이상인 후천의 선경세계가 죽음 뒤에 도래하는 것이 아니라 우리가 살고 있는 이 땅위에서 이루어진다는 것이 천지공사가 전달하려는 궁극적 메시지다.

셋째, 천지공사는 천지와 인간의 이상을 실현하는 궁극적 주체를 인간으로 설정하고 있다. 즉 자연질서와 인간질서를 동시적으로 전환시킬 수 있는 후천개벽의 주체를 인간으로 간주한다. 그것은 우주생명의 주재자인 증산상제가 지상에 내려와 인간으로서 천지공사를 집행하여 우주생명의 창조적 조화관계의 틀과 판을 제시하고, 인간이 그것을 구체적으로 실현할 수 있는 '인존시대人尊時代'를 열었기 때문이다.

천지공사를 통해 새로운 우주문명의 틀이 제시되었기 때문에 이제 인간이 창조적 주체활동을 통해 우주문명의 새 질서를 실천적으로 발현하는 과제만 남아 있다. 그러기에 우주문명의 틀과 판으로 짜여진 천지공사를 현실화시키는 중추적 역할은 인간에 의해서 이루어질 수밖에 없다. 따라서 천지공사에는 인간이 자신을 포함한 우주만물의 자연질서를 바꿀 수 있다는 메시지가 담겨 있다.

넷째, 천지공사는 타율적이면서 자율적이라는 이중적 특성이 동시에 내재되어 있다. 이런 이중적 특성은 증산상제의 양가성에서 비롯된다. 그것은 증산상제가 우주생명의 주재자로서 삼계대권의 주재성을 지닌 상제이면서도 동시에 보통 사람과 똑같은 몸을 지닌 인간이었기 때문이다. 증산상제가 우주생명의 주재자로서 삼계대권의 조화권능을 가지고 자연질서와 인간질서가 동시적으로 전환될 수 있는 후천개벽의 천지공사의 기획작업을 몸소 주재하였다는 측면에서 보면 인간의 주체적 행위와는 관계없는 타율적 체계를 보여준다.

하지만 인간으로서의 증산상제는 하늘과 땅 사이에 위치하는 인간의 본질적 의미(中通人義)에 달통하여 천지공사라는 후천개벽의 설계도가 인간의 노력에 의해서 실현될 수 있는 인문적 풋대를 제시한다. 그는 인간을 우주와 문명의 관계를 묘합시킬 수 있는, 가장 뛰어난 능력을 지닌 창조적 주체로 간주한다. 후천개벽의 기획작업이 궁극적으로 인간에 내재한 '천지일심天地一心'에 대한 자각적 반성에 의해서 인간 자신의 주체적 행위에 의해서 완성된다고 보는 측면에서 보면 자율적 체계를 보여준다. 따라서 천지공사는 자율과 타율의 일체적 산물이다.

다섯째, 천지공사는 신명계의 영성회복을 통해 새 우주문명을 기획하고 있다. 증산상제에 의하면 이 세계의 모든 존재는 본래 신명을 지니고 있는, 살아 움직이는 영성체이다. 그 신명의 조화작용을 통해 이루어지는 천지와 인간과 문명은 곧 신도천지이자 신도인간이자 신도문명이다.

그런데 선천세계는 신명계가 상극질서에 지배되어 천지와 인간과 문명이 제각기 그 본래적 영성을 제대로 실현하지 못하였던 것이다. 증산상제는 천지공사를 통해 신명계의 통일신단을 구축하고 천지와 인간과 문명을 각기 신도천지와 신도인간과 신도문명으로

중통인의 | 하늘과 땅 사이에 위치한 인간의 본질적 의미에 통달한다는 뜻.
천지일심 | 천지만물과 한 마음이 된 상태.

개벽함으로써 세 가지를 하나의 구조체계로 통합할 수 있는 새 세상을 기획한 것이다.

제2부

조화선경과 참 일꾼

Chapter2

조화선경과 참 일꾼

1. 인류의 오랜 꿈

인간세상은 늘 불만스럽다. 불평등과 부조화로 가득 찬 세상에는 온갖 추잡한 욕망과 그 욕망의 분비물들이 시궁창을 이루며 흘러간다. 그 속에서 인간은 유토피아를 꿈꾼다. 유토피아란 말의 어원이 시사하는 것처럼, 유토피아란 좋기는 좋지만 어디에도 없는 나라일까? 하지만 유토피아에 대한 꿈은 등이 휠 것같이 고단한 삶에 지친 사람들에게 알 수 없는 매력으로 다가온다.✤

동서고금을 막론하고 이 지상에서 생을 영위했던 이들 가운데 유토피아를 꿈꾸지 않은 사람

> **유토피아** | Utopia
> 그리스에서 나온 말.
> "어디에도 없는 곳"
> 이란 뜻이다.

✤ 정민, 『초월의 사상』, 서울, 휴머니스트, 2002, 71-79쪽.

이 과연 있을까? 인간 세상에 지상낙원은 있기는 있는 것일까? 인류는 오랫동안 이상낙원을 꿈꾸었다. 기독교의 '천년왕국', 토마스 모어의 '유토피아', 『시』의 '낙토樂土', 『예기』의 '대동세계大同世界', 『장자』의 '무하유지향無何有之鄕', 『태평경』의 '만년태평萬年太平'. 도연명의 '무릉도원武陵桃源', 완적의 '태초사회太初社會', 혜강의 '지덕지세至德之世', 홍길동의 '율도국', 홍수전의 '태평천국' 등이 그것이다.

지금까지의 선천세상과는 그 차원이 전혀 다른 후천의 새 세상을 알려주는 이상세계론이 있다. 증산도의 이상세계론이 바로 그것이다. 증산도의 이상세계론은 동서고금의 다른 이상세계론과 비교할 때, 아주 독특한 특성을 지니고 있다. 그것은 인

칠보산 전경 | 칠보산은 용봉도수의 큰 기운을 간직한 성산으로 멀리 회문산, 고당산과 연결되고 백암리, 새울에 와서 그 결실기운이 맺혀진다.

류의 역사를 원점으로 되돌려 그 뿌리에서부터 되새김질하고 우주라는 판 그 자체를 뜯어고치고 그 위에다 새롭게 지상낙원을 창조하려고 했다는 점이다.

많은 사람들이 인류의 역사를 근원적으로 반성하고 그 나름의 해법을 제시하기는 했지만, 우주라는 판 그 자체를 뜯어고칠 수 있다는 생각은 하지 못했다. 우주 그 자체를 근원적으로 변화시킬 수 있다니, 매우 놀랍고도 충격적인 일이 아닐 수 없다.

증산상제는 저 세상이 아니라 이 땅에서 새 세상을 열고자 한다. 증산상제가 열려고 하는 새 세상은 천지개벽으로 이루어진다. 천지개벽은 하늘과 땅을 새롭게 열어 무한한 큰 운수를

새롭게 여는 일이다. 증산상제는 "하늘과 땅을 뜯어고쳐 후천을 개벽하고 천하의 선악善惡을 심판하여 후천 선경의 무량대운無量大運을 열"(『도전』 2:43:2)고자 하는 것이다. 새 하늘 새 땅에서 새 사람이 살아갈 수 있는 지상낙원이 바로 증산상제가 건립하고자 하는 이상세계이다.

후천개벽에 의해 이루어지는 신세계

무량대운 | 한 없이 큰 운수.

가 바로 후천선경 또는 조화선경이다. 이런 이상세계는 동서고
금의 수많은 사람들이 간절히 염원한 것이지만, 고대에서 지금
까지 그 누구도 생각하지 못한 세계구원의 참신한 기획 작업이
다. 새 세상에 대한 증산상제의 이해방식은 참으로 독특하다.
왜냐하면 그 어떤 성자도 우주와 문명이라는 판 그 자체를 근
원적으로 뒤바꾸려는 발상과 인식의 전환을 하지는 못했기 때
문이다. 여기에 증산상제의 조화선경론이 21세기 새로운 문명
의 비전이 될 수 있는 그 이유가 있다.

　우리는 아래에서 조화선경이란 어떤 세상이며, 누가 어떻게
조화선경을 열 수 있는가를 살펴보려고 한다. 그리하여 조화선

칠보 발전소 | 상제님께서 운암호 물을 김제 만경으로 돌려 전북 일곱 군의
흉년을 면하게 하신 공사에 의해 세워졌다.

경론에 어떤 특성과 의미가 담겨 있는가를 알아보려고 한다. 우리가 조화선경론을 알아야 하는 가장 중요한 이유는 앞으로 우리 인류문명이 나아갈 미래의 바람직한 방향을 제시하고, 조화로 꽃 피는 이상낙원에 열리는 갖가지 아름다운 과실을 미리 맛보기 위한 것이다.

2. 조화선경

모든 생명이 무한한 복락을 맘껏 누릴 수 있는 새로운 이상세계를 발현하기 위해서는 인류문명이 안고 있는 모든 문제점을 그 뿌리에서부터 바로잡아 자연과 인간과 문명을 동시에 근원적으로 개벽해야 한다. 그래야 새 우주질서에 바탕을 둔 새 문명질서를 형성할 수 있기 때문이다.

신천지新天地에 입각한 신인간新人間의 신문명新文明'이 바로 후천선경의 이상세계이다. 이런 세상을 '조화선경造化仙境'이라 말한다.

> 내 세상은 조화선경이니, 조화로써 다스려 말없이 가르치고 함이 없이 교화되며 내 도는 곧 상생이니, 서로 극剋하는 이치와 죄악이 없는 세상이니라.(『도전』 2:19:1-2)

> **조화선경** | 갖가지 오묘한 조화가 철철 넘쳐나는 이상낙원.

조화선경이 무엇인가를 알기 위해서는 무엇

보다 먼저 그 핵심개념을 잘 정리할 필요가 있다. '조화造化'는 모든 생명이 누가 그렇게 되도록 억지로 조작하지 않아도 저절로 그러하게 발현되는 오묘한 변화작용을 말한다. '선仙'은 일반적으로 '늙어도 죽지 않는 것'을 뜻한다.

그러나 증산도에서 선은 두 가지 의미를 동시에 지닌다. 하나는 모든 생명이 영원한 생명으로 성숙되어 새롭게 거듭나는 것을 말하고, 다른 하나는 우주생명이 새 생명으로 거듭날 수 있게끔 서로 다른 모든 생명을 하나로 융합시켜주는 '선', 즉 '무극대도無極大道'를 말한다. 그러기에 증산도의 '선'은 기존의 '유불선'의 '선'을 포함하면서도 그것과는 뚜렷하게 구별된다. '경

윗 상나무쟁이 | 구릿골에서 용화동으로 가는 도중에 있다. 상제님은 이 나무 밑에서 초립동이와 장기를 두며 초립동이 공사를 보셨다.

境'은 어떤 활동이 이루어지는 장소인 마당 판을 뜻한다. 따라서 조화선경이란 모든 생명이 자신의 독자적인 조화공능을 온전히 발현함으로써 다른 생명과 유기적 질서와 화해를 구현하는 상생의 이상세계라고 할 수 있다.

조화선경은 천지만물의 '자연조화'와 인간 자신의 '인간조화'와 신명세계의 '신명조화'와 문명세계의 '문명조화'가 하나로 합치되어 신묘한 변화작용이 샘물처럼 솟구치는 꿈의 세상이다. 이런 조화로 충만한 이상낙원은 결코 차안을 넘어서 피안으로 나아가는 환상의 유토피아가 아니다. 그런 의미에서 조화선경을 '현실선경現實仙境'또는 '지상선경地上仙境'이라 부른다.

1) 천지성공과 신천지

오늘날 인류문명이 안고 있는 최대의 위기는 수질오염과 대기오염으로 대변되는 자연의 생태계파괴의 위기상황이다. 이런 위기상황을 극복할 수 있는 대안이 바로 '자연개벽自然開闢'이다. 자연개벽은 묵은 하늘과 낡은 땅의 천지질서를 새롭게 변혁하는 데서 이루어진다. 자연개벽이란 우주만물의 자연질서가 선천의 상극질서를 벗어나 후천의 상생질서로 전환되는 것을 말한다. 봄과 여름에 무성했던 나뭇잎들이 가을이 되면 제 뿌리를 찾아 돌아가는 것처럼, 선천이 가고 후천이 오면 천지만물도 제 생명의 뿌리인 근원적 통일상태로 회귀한다. "후천은 온갖 변화가 통일로 돌아가느니라."(『도전』 2:19:7)가 바로 그것이다.

자연개벽으로 무엇보다 먼저 천지의 시공질서가 변화되는 대사건이 일어난다. 현재 23.5°로 기울어진 지축이 바로 서게 된다.

> 공부하는 자들이 '방위가 바뀐다.'고 이르나니 내가 천지를 돌려놓았음을 세상이 어찌 알리오.(『도전』 4:152:1)

지축의 정립은 지축의 경사로 인하여 태양을 중심으로 타원으로 공전하던 지구가 정남북으로 바로 서서 정원으로 공전하는 것을 말한다. 이런 천지의 공간구조의 변화는 달력의 변화를 가져온다. 달력에는 윤역閏曆과 정역正曆 두 가지가 있다. 그런데 선천세상은 지축이 동북으로 기울어진 탓으로 시간의 원형인 1년 360일에 시간의 꼬리표가 붙기 때문에 양력과 음력의 날짜가 다르게 된다. 그러나 지축의 정립이 이루어지면 음양이 조화를 이루는 정음정양의 변화를 하기 때문에 양력과 음력이 일치하는 정역正曆이 이루어진다.

선천시대에는 천지질서의 부조화와 불균형으로 인해 음기운보다 양기운이 더 크게 작용하는'억음존양抑陰尊陽'(『도전』 2:52:1)의 시대였다.

윤역 | 음양이 부조화를 이루어 양력과 음력의 날짜가 다른 달력.
정역 | 음양이 조화를 이루어 양력과 음력의 날짜가 같은 달력.

"선천에는 하늘만 높이고 땅은 높이지 않았으니 이는 지덕地德이 큰 것을 모름이라. 이 뒤에는 하늘과 땅을 일체로 받드는 것이 옳으니라."(『도전』
2:51:2-3)

선천시대는 하늘과 땅이 꽉 막히어 교류를 하지 못하는 '천
지비天地否'의 시대라면, 후천시대는 하늘과 땅이 크게 소통하
고 조화를 이루는 '지천태地天泰'의 시대인 것이다. 그야말로
'양음의 시대'가 '음양의 시대'로 제 위치를 회복하는 시대인 것
이다.

천지의 시공질서가 바로 잡히는 후천시대에
는 하늘도 놀라고 땅도 놀라는 '경천동지驚天
動地'의 대사건이 벌어진다. 정역의 시대에 들어
서면 지구에는 춘하추동의 사계절의 구분이 없

지천태 | 하늘과 땅이
서로 소통하는 상태.
경천동지 | 하늘을
놀라게 하고 땅을
뒤흔든다는 뜻.

원평장터 | 천지공사 보실 당시에는 썩은 청어 두름도 반나절이면 다 팔렸다는 말이
전해져 올 정도로 많은 사람이 붐비던 곳이다.

어짐으로써 사시사철 긴긴 봄날의 시대가 되기 때문에 극한극서極寒極署가 사라진다. 이는 천지질서가 선천의 봄과 여름철에 온갖 생명을 성장시켜온 상극의 기운이 사그라지고, 모든 만물이 상생의 관계로 통일과 조화를 이루게 된다. 따라서 지축의 정립으로 인한 천지질서의 대전환은 선천 상극세상에서 인류의 생존을 괴롭혔던 홍수, 지진, 화산, 폭발, 해일 등의 자연재해의 문제가 모두 없어지는 것을 뜻한다. 한마디로 말해 인간이 살기에 가장 적합한 자연 질서가 조성되는 것이다.

증산상제는 우리가 살고 있는 지금 이 시대를 '천지성공시대天地成功時代'(『도전』 2:43:4)라고 정의한다. 천지가 자신의 목적과 이상을 성취하는 때라는 뜻이다. 천지성공으로 하늘과 땅이 다시 거듭나는 '천갱생天更生'과 '지갱생地更生'이 이루어지는 데, 그런 천지가 바로 '신천지新天地'이자 '신세계新世界'이다. 천지성공은 지금 이 시대의 중심화두이다. 왜냐하면 천지성공의 여부는 생태계의 위기상황에 직면하고 있는 인류의 생존여부와 직결된 문제이기 때문이다.❖

극한극서 | 지독한 추위와 극심한 더위.
천지성공시대 | 인간이 천지와 더불어 모든 일에 성공하는 때.

2) 문명성공과 신문명

증산상제는 천지질서뿐만 아니라 문명질서의 틀과 판을 바

❖ 안경전, 『천지성공』, 서울, 대원출판사, 2008, 22-23쪽.

꾸어 놓았다. '문명개벽文明開闢'이다. 문명개벽이란 천지질서의 새로운 변형을 뜻하는 자연개벽을 전제로 하여 인간 삶의 바탕을 이루는 문명질서를 새롭게 전환하는 것을 뜻한다. 사회적 인간관계의 질서가 갈등과 대립의 분열관계를 넘어서 모든 사람이 하나로 어우러져 조화롭게 살 수 있는 평화로운 세상으로 전환되는 것을 말한다. 문명질서의 틀이 상극에서 상생으로 변혁되는 것이다. 그것이 바로 문명성공으로 이루어지는 신문명이다.

증산상제는 천지공사를 통해 자연 질서를 개벽함으로써 새로운 문명질서를 구축할 수 있는 전환의 틀을 마련하였다. 즉 시공질서의 변화를 통해 천지에 가득한 분열과 갈등의 상극기운을 사랑과 평화의 상생기운으로 전환시킨 것이다. 그래서 앞으로 인류문명은 상생의 새 패러다임 위에 새 문명이 구축된다. 상생의 새 문명은 온 천하의 사람들이 대립과 투쟁의 상극관계를 청산하고 화해와 조화의 상생관계를 이루는 '세계일가世界一家' 또는 '우주일가宇宙一家'를 이루게 된다.

> 이제 천하를 한집안으로 통일하나니 온 인류가 한 가족이 되어 화기和氣가 무르녹고 생명을 살리는 것을 덕으로 삼느니라.(『도전』 2:19:4-5)
> 인륜人倫보다 천륜天倫이 크니 천륜으로 우주일가宇宙一家니라.(『도전』 4:29:1)

문명개벽 | 인류 문명이 새 문명으로 거듭나는 일.

다가오는 세상은 지구촌 모든 사람이 한 가족이 되어 화기가 넘쳐흐르고 생명을 살리는 것을 즐거움으로 삼는 상생의 세상이 된다. 모든 생명이 한 집안이 되는 통일문명이 펼쳐진다. 우주일가의 통일문명이 바로 그것이다. 인간의 활동영역이 지구 차원을 뛰어넘어 우주차원으로 확대되는 시대로 접어드는 것이다. 우주문명의 시대가 바로 그것이다.

우주일가 또는 세계일가는 온 인류가 한 가족이 되어 오순도순 정겹게 살아갈 수 있는 세상이다. 증산상제는 "사해四海 내에는 다 형제니라."(『도전』8:93:5)라는 관점에서 우주만물을 한 가족으로 만들려는 '세계일가世界一家'(『도전』 5:325:10)를 꿈꾼다. 이런 우주일가와 세계일가를 이루기 위해서는 인류가 한마음으로 살 수 있는 큰 지혜가 요청된다. "뭇 이치를 모아 크게 이루나니 이른바 개벽"(『도전』 4:21:2)이 바로 그것이다. 여기서 뭇 이

비룡산 ┃ 정읍면 마석리에 있는 산. 절 중턱에 순흥안씨 재실인 추원재追遠齋가 있고, 산 왼쪽 아래에는 태모님께서 2년 7개월 동안 머무르신 왕심리가 있다.

치는 단순히 자연이법만을 말하는 것이 아니다. 동서문화사의 각 분야에서 터득한 세계와 인간에 대한 모든 삶의 예지를 말한다.

> 이제는 판이 워낙 크고 복잡한 시대를 당하여 신통변화와 천지조화가 아니고서는 능히 난국을 바로잡지 못하느니라. 이제 병든 하늘과 땅을 바로잡으려면 모든 법을 합하여 써야 하느니라.(『도전』 2:21:4-5)

지금 세상은 판이 너무도 복잡하기 때문에 후천의 새 문명의 틀을 짜기 위해서는 인류문명의 모든 지혜를 하나로 합해야 한다. 증산상제는 이제까지 그 누구도 알지 못한 무극대도의 진법으로 동서양의 모든 법을 하나로 융합시킴으로써 후천문명의 조화 기틀을 마련하였다. 온 인류가 하나가 되어 사는 우주 가을철의 꿈의 낙원은 선천문명의 모든 진액을 모아 후천 조화문명의 토대를 완성하는 일에서 시작된다.

3) 인간성공과 신인간

모든 것에는 때가 있고 그 때에는 딱 어울리는 사람이 있다.❖

때와 사람이 중요하다. 지금은 어떤 때인가? 인간 삶의 목적은 어디에 있는가? 천지가 성공하여 신천지가 이루어지는 시대이다. "이 때는 천지성공 시대"(『도전』 4:21:1)인 것이다. 그렇다면

❖ 안운산, 『천지의 도 춘생추살』, 서울, 대원출판사, 2007, 324쪽.

천지가 성공하는 시대에 인간이 참으로 성공하는 길은 어디에 있는 것일까?

천지성공의 시대에는 무엇보다 천지의 뜻이 무엇인가를 알아야 한다. 천지의 목적은 봄과 여름에 우주만물을 생육하여 가을에 맺은 열매를 추수하는 데 있다. 천지가 농사를 짓는 가장 큰 이유는 천지의 주인공이자 만물의 영장이라고 할 수 있는 인간 농사를 지어 인간으로 하여금 완숙된 문명을 이루게 하기 위한 것이다. 다시 말해 천지 농사의 궁극적 목표는 천지의 대역자大役者를 구하여 신천지의 성숙한 문명을 내기 위한 것이다.

> 인생을 위해 천지가 원시 개벽하고, 인생을 위해 일월이 순환 광명하고, 인생을 위해 음양이 생성되고, 인생을 위해 사시四時 질서가 조정調定되고, 인생을 위해 만물이 화생化生하고, 창생을 제도濟度하기 위해 성현이 탄생하느니라. 인생이 없으면 천지가 전혀 열매 맺지 못하니, 천지에서 사람과 만물을 고르게 내느니라.(『도전』 11:118:4-10)

인간은 천지의 열매다. 천지가 만물을 농사지어 거둘 수 있는 가장 고귀한 열매가 바로 인간이다. 천지가 인생을 위해 온갖 일을 마다하지 않고 철따라 운행하는 것은 인간이 천지성공과 문명성공의 진정한 주체가 되기를 간절히 바라기 때문이다.

대역자 | 일을 대신 도맡아 하는 사람.
인간개벽 | 인간이 새 사람으로 거듭나는 일.

인간성공의 관건은 인간의 자기개벽, 즉 '인간개벽人間開闢'에 달려 있다. 천지가 성공하는 시대에는 철든 인간, 성숙한 인간, 새 사람이 요망된다. 왜냐하면 인간은 천지와 문명의 꿈을 실현할 수 있는 가장 고귀한 존재이기 때문이다. 인간이 없다면 천지도 자신의 이상을 이룰 수 있는 길이 없다. 여기에 인간이 만물의 영장이 되는 그 이유가 있다.

天更生 地更生 人更生 更生 更生 更生 天人天地天天
地人地地地天 人人人地人天 (『도전』 9:185:4)

이전 시대와는 달리 지금 이 시대는 하늘과 땅이 주도적인 역할을 도맡아 행하던 시대가 아니다. 인간이 모든 일의 중심이 되는 시대이다. 고수부는 "천갱생 지갱생은 다 끝났으니 이제는 인갱생人更生이 크니라."(『도전』 11:205:4)라고 하여, 인간의 자

백암리 | 칠보산 끝 자락에 있으며 이 마을에 사는 김경학 성도에게 대학교 도수를 맡기셨다

기개벽의 중요성을 강조한다. 이 말은 증산상제에 의해 기획된 천지성공의 설계 작업이 완결되었기 때문에 이제 인간 스스로 변화하여 그 일을 성취하는 일만 남았다는 뜻이다. 자연개벽과 문명개벽이 이루어질 수 있느냐 없느냐는 결국 인간의 손에 달려 있다.

후천개벽이 비록 증산상제의 창조적 기획 작업인 천지공사에 의해 예정되어 있다고 하더라도, 그것과 상호 감응관계를 지닌 인간이 자연이나 문명과 하나가 되지 못한다면 후천개벽은 결실을 맺을 수 없다. 왜냐하면 자연과 문명은 궁극적으로 인간을 떠나서 따로 존재할 수 없기 때문이다. 따라서 자연개벽과 문명개벽은 궁극적으로 인간개벽으로 완성될 수밖에 없다.

입석리 | 고부 두승산 아래에 있는 마을로 상제님의 누이동생이 시집와서 살았다.

인간개벽은 인간이 능동적인 주체가 되어서 우주만물과 하나가 되는 우주적 합일, 즉 우주일가를 성취하는 것을 말한다. 인간은 우주만물의 통일성을 근거로 하여 천지에서 생겨나왔기에, 현상적으로는 개체로서의 소우주이지만 본질적으로는 전체로서의 대우주이다. 인간이 우주만물과 하나가 되기 위해서는 인간 스스로 자신의 몸과 마음을 변화시켜야 한다. 몸개벽과 마음개벽을 해야 한다. 말하자면 인간개벽은 인간 스스로 몸과 마음을 개벽하여 새 천지의 새 인간으로 태어나게 하는 '인간 개조'를 의미한다.

> 내가 삼계대권을 맡아 선천의 도수를 뜯어고치고 후천을 개벽하여 선경을 건설하리니 너희들은 오직 마음을 잘 닦아 앞으로 오는 좋은 세상을 맞으라.(『도전』 2:74:2-3)

온 생명과 하나 되는 참 인간이 되는 길은 몸과 마음을 잘 닦는 것이고, 그러기 위해서는 결코 흔들리지 않는 진실한 마음으로 '도심주道心柱'를 굳건히 유지해야 한다. '도심주'는 온 우주와 하나로 융합하는 '천지일심'을 말한다. 천지일심으로 도심주를 굳건히 지켜야 비로소 우주만물과 하나로 소통하고 감응하는 힘을 얻을 수 있다. 그것이 바로 도통道通의 경지이다.

도심주 | 어떤 경우에도 흔들리지 않는 기둥같이 단단한 도의 마음.

인간개벽은 진정한 도통이 돼야만 가능하다. 진정한 도통은 인간이 우주만물의 주체가 되어

도통 | 우주만물과 하나로 감응하고 소통할 수 있는 최고의 경지.

천지조화를 자유자재로 활용할 수 있는 '중통인의中通人義'의 경지이다. 중통인의란 위로는 천문에 통달하고 아래로는 지리를 통찰할 뿐만 아니라 가운데로는 인사人事에 관통하여 새 역사를 창조하고 경영할 줄 아는 도통의 경지를 말한다. 인간이 이 도통의 경지에 도달해야만 모든 생명이 무궁한 수명을 누리는 선문명仙文明의 시대를 열 수 있다. 따라서 개벽인간이라야 우주생명의 진정한 주인이 되는 인존人尊의 삶을 열 수 있다.

4) 조화선경의 참 모습

증산상제는 후천 세상을 조화선경이라 설명한다. 증산상제는 천지와 문명과 인간이 다같이 성공하는 조화선경의 참 모습을 이렇게 묘사한다.

후천에는 만국이 평화하여 백성들이 모두 원통과 한恨과 상극과 사나움과 탐심과 음탕과 노여움과 번뇌가 그치므로 말소리와 웃는 얼굴에 화기和氣가 무르녹고 동정어묵動靜語默이 도덕에 합하며, 사시장춘四時長春에 자화자청自和自晴하고, 욕대관왕浴帶冠旺에 인생이 불로장생하고 빈부의 차별이 철폐되며, 맛 있는 음식과 좋은 옷이 바라는 대로 빼닫이 칸에 나타나며 운거雲車를 타고 공중을 날아 먼 데와 험한 데를 다니고 땅을 주름잡고 다니며 가

구릿골 약방 남쪽기둥에 써 붙이신 증산 상제님의 필적

고 싶은 곳을 경각에 왕래하리라. 하늘이 나직하여 오르내림을 뜻대로 하고, 지혜가 열려 과거 현재 미래의 시방세계十方世界의 모든 일에 통달하며 수화풍水火風 삼재三才가 없어지고 상서가 무르녹아 청화명려淸和明麗한 낙원의 신세계新世界가 되리라.(『도전』 7:5:1-6)

조화선경은 한마디로 말해 아주 살기 좋은 꿈의 낙원이다. 조화선경의 가장 큰 특성은 저 피안의 세상이 아니라 이 차안의 세상에서 이루어진다는 데 있다. 첫째, 조화선경은 자연개벽으로 인하여 천지의 시공질서가 '정음정양'으로 바뀌기 때문에 자연재해가 없어지고 사시사철 봄날처럼 화창한 날씨가 지속되는 신세계 또는 신천지가 이루어진다.

둘째, 인간이 수행을 통해 자기개벽을 하기 때문에 구름수레를 몰아 천지를 자유로이 소요할 수 있는 조화의 능력을 맘껏 발현하고 오랫동안 늙지 않고 장수하는 불로장생의 장수문화의 시대가 된다.

셋째, 정음정양의 천지질서가 정립됨으로써 그에 어울리는 정음정양의 문명질서가 성립된다. 우리가 살고 있는 이 세계에는 남녀, 음양, 천지, 부모, 빈부, 귀천, 영욕 등의 가치가 대립적 구조를 이루고 있다. 그런데 이제까지 선천시대에는 강한 것, 돈 많은 것, 권력 높은 것, 잘난 것, 용감한 것, 명예스러운 것, 찬란한 것, 이름난 것, 힘 있는 것, 많이 배운 것 등의 남성적인 가치가 억눌려 있는 것, 우둔한 것, 못난 것, 가난한 것, 이름 없는 것, 못 배운 것, 힘없는 것 등의 여성적인 가치보다 상대적인 우위를 점하였다. 선천시대는 상극이 지배하는 세상이기 때문에 천지가 상극하고, 음양이 상극하고, 남녀가 상극하고, 빈부가 상극하고, 귀천이 상극하고, 강약이 상극한다.

지금 세상은 상극의 악순환이 되풀이 되는 가운데 수 만년동안 원한으로 축적되어온 세상이다. 그래서 상생보다는 상극이, 조화보다는 투쟁이, 평화보다는 전쟁이, 공평보다는 착취가, 평등보다는 억압이 지배하는 세상이었다. 천존지비와 양존음비와 남존여비 등이 그것이다. 선천시대에는 이처럼 온갖 것이 이원론적 차별로 가득 차 있는 시대다. 한마디로 도道를 상실하고 망각한 시대이다. 현재 인류가 겪고 있는 모든 문제는 생명의 존재근거인 '도'를 망각하고 상실한 '무도無道'(『도전』

태전 | 증산상제님이 "내가 후천선경의 푯대를 태전에 꽂았느니라" 하신 곳이다.

5:347:5)에서 생겨난다.

넷째, 조화선경에서는 우주만물의 변화가 통일적으로 이루어 지기 때문에 우주만물이 한 가족이 될 뿐만 아니라 언어와 문 자가 통일되는 대혁명이 일어난다. 또한 조화선경에서는 인간 의 문화가 질적으로 대비약하여 인간이 우주를 경영하는 통일 문명이 이루어지게 된다. 통일문명을 열기 위해서는 정치와 교 육과 가족이 하나가 통섭되는 '군사부君師父' 일체의 통일질서 가 필요하다.

조화선경에서는 모든 일이 '신명조화神明造化' (『도전』 2:21:2)로 이루어진다. 크고 작은 일을 막론 하고 신명조화로써 행하면 현묘불측玄妙不測한 천지성공을 거둘 수 있기 때문이다. 따라서 조화

> **군사부** | 군주와 스승과 부모
> **신명조화** | 모든 것을 자유자재로 변화시킬 수 있는 신명의 오묘한 능력.

보문산 | 태전의 주산으로 '봉황이 춤추는 산'이란 뜻에서 봉무산鳳舞山이다.

문명에선 신명과 인간이 합일하여 인간에 깃들어 있는 신령스러운 조화역량이 온전히 발휘되는 데, 이런 문명을 '신인합일神人合一'또는 '신인합발神人合發'의 '도술문명道術文明'이라고 한다. '도술문명'은 인간이 모든 것과 하나가 되는 도를 통하여 모든 것을 자유자재로 변화시킬 수 있는 신묘한 조화의 기틀을 맘껏 펼칠 수 있는 문명을 말한다.

이 뿐만 아니라 인간이 신명조화와 합작할 때, 모든 것을 있는 그대로 환하게 아는 '만사지 문화'가 실현된다. 사람의 마음뿐만 아니라 모든 일을 환히 들여다보고 읽을 수 있기 때문에 우주만물과 소통하고 교감할 수 있는 힘을 얻게 된다. 이런 '만사지 문화'가 현실화 될 때, 모든 일을 자신의 뜻대로 행할 수 있는 이상세계가 지상에 펼쳐지는 것이다.

증산도 조화 선경론의 의의는 어디에 있는가? 첫째, 자율적 성격과 타율적 성격이 함께 들어 있다. 천지공사로 제시된 '모사재천'은 타율적 성격이고, '성사재인'은 자율적 성격이다.

둘째, 피안의 유토피아가 아니라 차안의 지상선경, 현실선경을 약속한다는 점이다. 이 측면은 동양의 전통적 사유방과 그 맥을 같이 한다.

도술문명 | 신묘한 도술의 작용이 온전하게 펼쳐지는 문명.
만사지문화 | 모든 것을 있는 그대로 환하게 알 수 있는 문화.

셋째, 인간의 자기 변혁의 가능성이 후천선경의 지름길이라는 점이다. 이는 인간이 자기 공부를 통해 몸을 변화시킴으로써 새로운 세상의 도래가 가능하다고 본다. 메를로 퐁티가 "나의 몸이 깨어날 때, 연결된 몸들도, 타자들도 함께 깨어나야 한다."고 말한 것처럼,❖ 천지만물은 모두 몸으로 서로 연결되어 있다. 우주가 한 가족을 이룰 수 있는 근거가 바로 여기에 있다. 인간의 몸은 역사와 문화를 일구어 내고 체화시키는 존재이다.

넷째, 후천의 이상세계의 도래는 인간을 포함한 우주만물이 창조적으로 변화하는 '조화'에서 발현된다고 보는 점이다. 후천 선경론의 기반은 조화론에서 비롯된다. 그 조화의 근거이자 바탕은 바로 신명조화에 달려 있다.

다섯째, 우주일가의 통일문명을 제시한다는 점이다. 통일문명은 통일신단의 기초에서 마련된다. 통일신단과 통일문명에서 조화문명의 가능성을 본다. 지심대도술문명, 만사지문화 등이 그것이다.

메를로 퐁티 | 1908년에 태어나서 1961년에 죽은 프랑스의 철학자
지심대도술문명 | 모든 사람의 마음을 환하게 알 수 있는 신묘한 도술문명.

❖ 조은, 경향신문 칼럼, 2008.11.10.

3.조화선경을 여는 참 일꾼

1) 참 일꾼

증산도에서 참 일꾼은 그 어떤 고난과 위험을 감내하고서라도 선천의 상극세상을 개벽하여 지상에 조화선경을 열기 위해 불철주야 일하는 사람이다. 개벽세상을 열기 위해 일하는 일꾼이기에 개벽일꾼이라고 부를 수도 있다. 참 일꾼은 증산상제가 제시한 조화선경의 설계도를 가지고 그것을 인간역사에 구체적으로 실현하기 위해 선경건설의 시공과 감독을 담당한다.

> 일꾼은 천명天命을 받아 천지사업에 종신하여 광구천하의 대업을 실현하는 자이다.……일꾼은 천지일월天地日月의 사체四體의 도맥과 정신을 이어받아 천지대업을 개척하여 후천 선경세계를 건설하는 자이니라.(『도전』 8:1:1-5)

참 일꾼은 신천지라는 천지성공을 이끌어내어 후천선경 건설이라는 천지대업의 완수를 자신의 궁극적 목표로 설정하고 있다는 점에서는 천지일꾼이라 부를 수도 있다. 또한 천지대업을 위해 일하는 천지일꾼을 '천지녹지사天地祿持士'라 부르기도 한다. 그렇다면 천지녹지사란 과연 어떤 사람을 말하는가?

> **일꾼** | 가을 개벽기에 죽어가는 모든 생명을 살리고 조화낙원을 건설하기 위해 일하는 사람.

하루는 성도들에게 말씀하시기를 "시속에 전명숙全明淑의 결訣이라 하여 '전주 고부 녹두새'라 이르나, 이는 전주 고부 녹지사祿持士라는 말이니, 장차 녹지사가 모여들어 선경仙境을 건설하게 되리라."
하시니라.(『도전』 8:1:7-9)

'천지녹지사'란 말 그대로 천지의 녹을 지니고 있는 사람이라
는 뜻이다. 여기서 '녹'이란 일반적으로 옛날 봉건시대에 벼슬아
치에게 연봉으로 주는 곡식, 피륙, 돈 따위를 통틀어 일컫는 말
이다. 그러나 증산도에서 녹이란 천지에서 살아가는 인간이 생
명을 유지해 나가는 데 꼭 필요한 모든 것을 총칭하는 것이다.
따라서 녹이란 천지만물을 천지만물이게끔
해주는 생명력의 근본 바탕이라 할 수 있다.

> **천지녹지사** | 천지에서
> 내려주는 생명줄을 잡고
> 있는 사람. 후천 개벽기에
> 생명을 살릴 수 있는
> 역량을 지닌 일꾼

그러기에 천지의 녹을 지닌 사람은 천지만
물의 생명을 좌우할 수 있는 생명
줄을 잡고 있다고 하겠다. 이런 맥
락에서 증산상제는 "천하창생의 생
사가 너희들 손에 매여 있느니라.
다 죽고 너희만 살만 무슨 재미가
있겠느냐?"(『도전』 8:21:3-4)라고 하여,
인류의 생사여탈권이 개벽 일꾼인
천지녹지사의 손에 매여 있다는 것
을 강조한다. 증산도의 개벽 일꾼은
후천 개벽기에 천하창생을 구제하
고 새 조화문명을 건설하는 천지사

용봉 | 계묘(癸卯: 道記33, 1903)년에
상제님께서 대원사 주지 박금곡에게 써
주신 글

업을 행한다.

2) 참 일꾼의 삶

우리는 지금 어떤 때에 살고 있는가? 인간이 떠맡아야 할 사명은 무엇인가? 지금은 천지가 바야흐로 탈바꿈과 틀바꿈을 시도하고 있는 후천개벽의 시대다. 천지가 새로운 변혁의 조짐을 보이고 있다. 이런 시대는 삶과 죽음의 기운이 엇갈리는 중차대한 시점이기 때문에 천하의 대세를 잘 파악하는 것이 무엇보다 중요하다. "천하대세를 아는 자는 살 기운(生氣)이 붙어 있고 천하대세에 어두운 자에게는 천하의 죽을 기운(死氣) 밖에 없기"(『도전』 2:137:3) 때문이다. 지금의 천하대세는 선천세계의 상극질서가 무너지고 후천세계의 상생질서가 수립되려는 새로운 전환의 국면을 맞고 있다. 갈가리 찢어지고 나누어진 모든 생명이 하나로 융합하여 새 생명으로 거듭나려고 암중모색하고 있는 중이다.

후천 개벽기는 동전의 양면처럼 두 가지 측면을 동시에 지니고 있다. 후천 개벽기는 새 생명으로 거듭나려는 진통의 과정이기 때문에 삶의 절호의 기회일 수도 있지만 또한 치명적인 위기의 순간일 수도 있다. 기회와 위기가 병존하고 있다. 병아리가 알을 까고 나오기 위해서는 극심한 고통과 위험을 감수하지 않을 수 없는 것처럼, 후천 개벽기의 대혼

천하대세 | 천하의 큰 형세.

란은 우주만물이 제자리와 제 모습을 찾아가기 위해 반드시 거쳐야만 하는 통과의례인 것이다. 문제의 핵심은 인간이 어떻게 후천 개벽기의 대변화를 슬기롭게 극복하고 어떻게 조화선경의 이상세계를 건립할 수 있느냐 하는 것이다.

생명의 양약良藥 : 태을주 수행

인간은 천지의 축소판이기에 소우주인 인간과 대우주인 자연은 근원적으로 동일하다. 일꾼이 대우주와 하나로 조화를 이루기 위해서는 공부를 해야 한다. 여기서 공부란 인간이 자신이 지닌 창조적 생명력을 온몸을 다해 북돋우는 일을 말한다. 수행, 수양, 수련 등으로 달리 표현하기도 한다.

우리는 왜 공부를 해야 하는가? 자신을 포함한 우주만물의 실상을 제대로 알아서 새 삶의 기회를 얻기 위해서다. 공부를 통해서 무엇보다 먼저 대우주인 자연과 자신을 이분화하려는 욕망과 편견에서 벗어나야 한다.

증산상제는 소우주가 대우주와 하나가 될 수 있는 공부법으로 태을주 수행을 전한다. '태을太乙'은 '태일太一'이라고 부르기도 하는데, 곧 우주생명의 근원이다. 즉 모든 생명의 창조적 조화력의 원천이다. 인간이 정성과 공경과 믿음을 다하여 우주생명의 원천인 태을을 찾아서 그 생명력과 합

> **태을주** | 우주만물과 하나가 되어 오묘한 조화를 뜻대로 구현하려는 주문.
> **태일** | 태을과 같은 뜻. 우주생명의 존재근원이자 천지만물과 하나가 된 성숙한 사람을 뜻한다.

太乙呪

태을주는 천지 어머니 젖줄이니
태을주를 읽지 않으면 다 죽으리라. (2:140:9)

吽哆 흠치
흠치 吽哆

太乙天 上元君 吽哩哆哪都來 吽哩喊哩娑婆訶

태을천상원군 흠리치야도래 흠리함리사파하

치함으로써 대우주의 창조적 조화력을 맘껏 발현할 수 있다. 우주생명의 창조적 변화를 실현할 수 있는 바탕이 바로 태을주 공부이다.

> 오는 잠 적게 자고 태을주를 많이 읽으라. 태을천太乙天 상원군上元君은 하늘 으뜸가는 임금이니 오만 년 동안 동리동리 각 학교에서 외우리라.(『도전』 7:75:1-2)
> '훔치'는 천지부모를 부르는 소리니라. 송아지가 어미를 부르듯이 창생이 한울님을 부르는 소리요 낙반사유落盤四乳는 '이 네 젖꼭지를 잘 빨아야 산다'는 말이니 '천주님을 떠나면 살 수 없다'는 말이니라. 태을주를 읽어야 뿌리를 찾느니라. 태을주는 수기水氣를 받아 내리는 주문이니라.(『도전』 7:74:1-6)

대우주의 조화력과 하나가 됨으로써 비로소 인간은 우주의 창조적 변화과정에 적극적으로 동참할 수 있다. 우주의 창조적 변화과정에 적극적으로 참여한다는 것은 때를 알아서 때에 맞게 살아가는 것을 말한다. 즉 우주만물이 통일적 질서로 돌아가려는 가을 우주의 때를 알아서 그 질서에 부합되게 살아가는 일이다.

지금은 어떤 때인가? 선천과 후천이 바뀌는 때이다. 인간뿐만 아니라

우주도 선천개벽이래로 태을의 근원적 조화력으로부터 일탈하는 길을 걸어왔다. 인간과 우주가 근원으로부터의 소외된 것은 선천 상극우주의 필연적 과정이었지만, 그것은 아찔한 절벽의 벼랑 끝을 향해 마냥 치달려가는 위험한 길이었다. 이제 선천 우주는 스스로의 근원을 되돌아보고 새 길로 나아가려 한다.

우주는 가을정신에 의거하여 생명의 근원으로 회귀함으로써 새롭게 태어나려고 한다. 후천개벽이 바로 그것이다. 근원으로 돌아감은 단순한 회귀가 아니라 성숙한 모습으로 새롭게 거듭남이다. 새롭게 거듭나기 위해서는 우주생명 그 자체가 오묘한 조화력을 지니고 있다는 사실을 직시해야 한다. 창조적 조화작용으로 돌아가는 생명의 나침반이 태을주이다.

함평 군유산 | 태을주의 못자리인 함평의 주산으로 예로부터 산세가 군자의 위풍을 닮았다 하여 군자산으로 불렸다.

태을주 주문은 "말이 그대로 씨가 되는" 신묘한 언어다. 진실한 마음에서 우러나오는 언어는 절묘한 변화의 힘을 가지고 있다. 인간의 진실한 마음은 우주의 마음과 하나로 연결되어 있다. 인간의 마음에는 신묘한 조화능력이 들어 있어 우주적 조화신성造神性과 하나가 될 수 있다. 조화주 증산상제가 전하고 있는 태을주 수행은 우주의 조화성신과 하나가 되려는 진실한 노력이다. 우주의 조화성신과 하나가 되어 조화능력을 자유자재로 발현하려는 공부가 바로 태을주 수행이다.

일꾼은 가을 개벽기에 생명을 살리려는 우주 조화주의 '천지일심'을 깨달아야 한다. 태을주 수행자는 우주 조화주의 '천지일심'과 하나가 되어 새 생명의 길을 걸어가는 사람이다. 새 생

명의 지름길은 인간생명의 뿌리이자 천지조화의 근원인 태을을 찾음으로써 가능하다. 인간생명의 근원은 우주 조화주의 마음인 '천지일심'과 닿아 있다.

태을주는 우주 조화주의 마음을 찾아가는 길이다. 천지부모를 지극한 마음으로 부르면 천지부모는 응답을 한다. 천지부모와의 교감 속에서 인간은 선천의 병을 치유할 수 있는 천지조화

의 신성한 약을 얻을 수 있다.❖ 스스로를 정화하고자 하는 우주의 마음과 그 흐름을 헤아리는 것이 후천의 새 우주를 창조하는 변화과정에 주체적으로 참여할 수 있는 지름길이다. 우주 조화주 증산상제는 태을주 공부가 새 우주역사에 동참하는 길이라고 강조한다.

태을주는 우주생명을 살리는 '생명의 묘약妙藥'이다. 왜냐하면 태을주는 병든 우주와 인간을 치유할 수 있는 천지조화의 소리이기 때문이다. 그러기에 태을주는 몹쓸 병에 걸려 신음하고 있는 중환자인 우주와 인간을 구하는 치료제이다. 일꾼은 후천개벽기의 생병의 특효약인 태을주를 지구촌의 모든 사람에게 알리는 전도사의 역할을 수행해야 한다.

증산상제가 "너희들은 손에 살릴 생生자를 쥐고 다니니 득의지추得意之秋가 아니냐, 삼천三遷이라야 일이 이루어지느니라. 천하사는 생사양도에서 그치나니 우리의 부단한 노력은 하루에 밥 세 때 벌이 하는 일이니라"(『도전』 8:117:1-3)라고 한 것처럼, 손에 살릴 생자를 쥐고 생사양도의 갈림길에서 헤매고 있는 인류를 구원하기 위해 팔을 걷어 부치고 나서야 한다.

득의지추 | 우주의 가을을 만나 삶의 의미를 실현한다는 뜻

❖ 최정규, 「참일꾼의 삶」, 『강증산의 생애와 사상』, 서울, 대원출판. 2002. 344쪽.

생명의 묘방妙方 : 의통성업

우주는 만물의 어머니이다. 사랑하는 자식을 위해 모든 것을 헌신하는 어머니처럼, 우주는 오직 만물 자식을 위해 자신이 지닌 모든 것을 다 바치려는 숭고한 마음을 지니고 있다. 만물을 낳고 길러낸 우주부모는 만물자식을 하나라도 더 살리려고 무장 애를 쓰지만, 선천에서 후천으로 뒤바뀌는 개벽기의 우주는 만물의 결실을 거두기 위해 생명의 열매를 골라내는 선별작업을 감행하지 않을 수 없다. 봄에 낳아 기른 만물을 가을에 알곡만 추수하려는 춘생추살春生秋殺의 천지정신은 한 치의 사사로움도 없다.

> 선천의 모든 악업과 신명들의 원한과 보복이 천하의 병을 빚어내어 괴질이 되느니라. 봄과 여름에는 큰 병이 없다가 봄여름의 죄업에 대한 인과응보가 가을에 접어드는 환절기가 되면 병세를 불러일으키느니라.… 천지 대운이 이제서야 큰 가을의 때를 맞이하였느니라. 천지의 만물농사가 가을 운수를 맞이하여, 선천의 모든 악업이 추운 아래에서 큰 병을 일으키고, 천하의 큰 난리를 빚어내는 것이니(『도전』 7:38:2-5)

우주의 주재자는 천지정신에 입각해서 만물을 하나도 빠짐없이 모두 살려내고자 한다. 하지만 아무리 우주의 주재자라고 할지라도 모든 생명을 다 살릴 수는 없다. 우주 주재자의 고뇌와 아픔이 바로 여기에 있다.

춘생추살 | 봄에 생명을 낳고 가을에 생명을 거두는 자연의 섭리

우주의 주재자는 가을 개벽기에 우주의 열매인 인간을 살리기 위해 생명의 오묘한 방책을 열어주었다. 의통醫統이 바로 그것이다.

> 오직 병겁만은 그대로 두고 너희들에게 의통을 붙여 주리라. 멀리 있는 진귀한 약품을 귀중히 여기지 말고 순전한 마음으로 의통을 알아 두라.(『도전』 7:33:7-8)
> 의통을 지니고 있으면 어떠한 병도 침범하지 못하리니 녹표祿票니라.(『도전』 10:48:5)

후천 개벽기에 인류를 구원할 수 있는 묘방이 의통이다. 의통에서 '의醫'는 살린다는 뜻이고, '통統'은 통일한다는 뜻이다. 의통은 두 가지 목표를 지니고 있다. 하나는 후천개벽기에 온 세상을 휩쓸 병겁의 죽임의 기운으로부터 사람의 생명을 온전히 살리는 일이고, 다른 하나는 살린 생명들을 하나로 융합하여 온 생명을 한 가족으로 만들어

의통 | 모든 생명을 살리고 지구촌 문명을 통일하는 일..

증산도 교육문화 회관 |
후천 선경을 건설할 천하사 일꾼들을
길러내는 집이다.

우주일가의 통일문명을 창조하려는 것이다.

증산상제는 가을 개벽기에 인간을 새롭게 살려내기 위한 효율적인 외과적 방법을 성경신을 다하는 일꾼에게 전해주었다. 증산상제는 가을 개벽기에 처한 인간을 구원하기 위한 약으로 생명을 살리는 처방을 일꾼에게 마련해 주었다. 의통의 처방을 쓰기 위해서는 조직적인 힘이 요망된다. 의통 구호대는 1명의 책임자와 6명의 보조가 있어야 한다. 자연수 1과 6은 우주의 근원적인 생명력을 상징한다. 한 사람이 새롭게 태어나기 위해서는 우주의 마음을 헤아리고 대행하는 일꾼 7명의 도움이 필요하다.

인류의 생사를 판가름하는 일꾼은 모든 생명을 살려내고자 천지일심을 가진 사람이다. 일꾼은 우주 주재자의 마음을 본받아 천하창생을 구원하려는 덕을 쌓아야 한다. 그것이 바로 포덕布德이다. 증산상제는 인간의 삶에서 생명을 살리려는 포덕의 공이 가장 크다고 한다. 증산상제가 일꾼에게 의통을 전수한 것은 인간과 함께 조화세상을 만들어가려는 것이다.❖

포덕 | 모든 생명을 살리려는 공덕을 베푼다는 뜻.

❖ 최정규, 앞의 글. 347쪽.

3) 참 일꾼의 자세

인간은 천지의 은덕을 입어 이 세상에 태어났고 그 천지의 가호 속에서 삶을 영위하고 있다. 인간은 천지의 크나큰 은혜를 받았다. 천지는 만물의 부모이고, 만물은 천지의 자식이다. 그러기에 인간을 포함한 모든 사물은 천지를 한 부모로 모신 형제 사이로서 동기간이다. 따라서 천지 없는 인간과 인간 없는 천지는 어떤 경우에도 생각할 수 없다. 둘 가운데 어느 하나도 다른 하나가 없으면 이 세상에 존재할 수 없다.

> 天地無日月空殼이요 日月無至人虛影이니라.
> 천지는 일월이 없으면 빈껍데기요 일월은 지극한 사람이 없으면 빈 그림자다.(『도전』 6:9:4)

천지는 일월이 없으면 빈껍데기에 지나지 않고, 일월은 사람이 없으면 빈 그림자에 불과하다. 천지와 일월도 인간이 없으면 그 존재의미를 상실하고 만다. 천지와 일월이 그 존재의미를 발현할 수 있는 까닭은 인간이 존재하기 때문이다.

그러나 천지는 인간을 포함한 모든 사물의 존재근거이다. 왜냐하면 "일이 흥왕하게 됨은 천지에 달려 있는 것이요 반드시 사람에게 달려 있는 것은 아니"(『도전』 8:100:2)기 때문이다. 인간은 천지기운을 타고나는 존재이기 때문에 천지기운이 어떠한가에 따라 그 영향을 받을 수밖에 없다. 상극기운이 만연한 상극천지에서는 상극기운을 받지 않을 수 없고, 상생의 기운이 충만한 상생천지에서는 상생기운을 받기 마련인 것이다. 따라서 인간이 참 인간이 되기 위해서는 천지의 뜻이 어디에 있는지를 제대로 알지 않으면 안 된다.

봄에 만물을 내고 여름에 길러 가을에 그 열매를 맺고 그 씨 종자를 추리는 것이 천지의 자연이법이다. 천지부모가 인간자식을 낳아 기르는 것은 후천 개벽기에 인간농사를 짓기 위한 것이다. 모든 생명이 제 본연의 자리로 되돌아가려는 후천 개벽기를 맞아 천지는 인간에게 몸개벽과 마음개벽을 통해 자기개벽을 완수함으로써 천지사업 —천지성공과 문명성공— 을 종결짓도록 촉구하고 있다. 다시 말해 천지는 인간이 새 생명으로 다시 살아나는 후천 개벽기에 천지와 인간과 문명이 다같이 성공할 수 있는 새 시대의 길을 열어주기를 갈망하고 있다. 따라서 인

증산도 교육문화 회관에서 교육을 받고 있는 일꾼들의 모습

간이 천지의 은공에 보답하는 길은 새 우주문명의 시대를 여는 중추적인 역할을 하는 데 있다.

形^형於^어天地^{천지}하여 生人^{생인}하나니 萬物^{만물}之中^{지중}에 唯人^{유인}이 最貴也^{최귀야}니라
하늘과 땅을 형상하여 사람이 생겨났나니 만물 가운데 오직 사람이 가장 존귀하니라

天地生人^{천지생인}하여 用人^{용인}하나니 不參於天地用人之時^{불참어천지용인지시}이면 何可曰人生乎^{하가왈인생호}아!
천지가 사람을 낳아 사람을 쓰나니 천지에서 사람을 쓰는 이 때에 참예하지 못한다면 어찌 그것을 인생이라 할 수 있겠느냐!(『도전』 2:23:3)

지금 이 시대는 천지에서 사람을 쓰려고 하는 때이다. 천지는 인간에게 새 우주문명 시대를 여는 중추적인 역할을 해주길 간절하게 기대하고 있다. 그렇다면 인간 가운데 천지의 큰 은덕

증산도의 경전인 『도전』 ┃ 증산 상제와 그의 반려자인 태모 고수부의 행적과 가르침을 담고 있다.

에 보답할 수 있는 인물이 과연 몇 사람이나 될 것인가?

천지의 은혜에 보답하는 길은 두 가지이다. 하나는 후천 개벽기에 모든 생명을 살려내는 것이고, 다른 하나는 조화선경의 이상낙원을 지상에 세우는 일이다. 후천 5만 년 동안 모든 생명이 터 잡고 살 수 있는 이상적 세계를 건립하는 일보다 더 아름다운 일이 세상 어디에 또 있겠는가? 그렇다면 우리 인간이 어떻게 해야 그런 위대한 사명을 떠맡을 수 있을까?

천지성공을 이루는 참 일꾼이 되기 위해서는 무엇보다 먼저 자기 자신을 개벽하여 인간성공을 이루어야 한다.

> "낡은 삶을 버리고 새 삶을 도모하라. 묵은 습성이 하나라도 남아 있으면 그 몸이 따라서 망하느니라."(『도전』 2:41:2-3)

미래의 조화선경을 꿈꾸고 거기에서 새 삶을 찾고 싶다면, 선천 세계의 상극질서에 예속되어 남과의 갈등과 대립을 부추기는 낡은 삶의 습성과 타성을 깨끗하게 벗어던져야 한다. 기존의

> **거백옥** | 춘추전국시대 위나라의 대부. 일생 동안 끊임 없이 자기의 잘못을 반성하여 새 사람으로 거듭난 인물로 유명하다.

잘못된 삶의 방식에 안주하지 않고 날마다 새로워지려는 노력을 게을리 해서는 안 된다. 그리하여 서로가 서로의 삶을 잘되게 해주고 살려주는 상생의 새 삶의 방식을 택해야 한다. 거백옥이 50세가 되어 49년 동안의 잘못을 뉘우치고 새 사람으로 거듭난 것처럼, 개벽일꾼은 거백옥의 '각비覺非'❖ 의 정신을 본

❖ '각비'는 본래 도연명의 「귀거래사歸去來辭」에 나오는 표현으로 기

받아 신인간으로 태어나야 한다.

> 대인을 배우는 자는 천지의 마음을 나의 심법으로 삼고 음
> 양이 사시四時로 순환하는 이치를 체득하여 천지의 화육化
> 育에 나아가나니 그런고로 천하의 이치를 잘 살펴서 일어일
> 묵一日一默이 정중하게 도에 합한 연후에 덕이 이루어지는
> 것이니라. 만일 사람이 사사로운 욕심에 사로잡혀 자기 좋
> 은 대로 언동하고 가볍고 조급하며 천박하게 처세하면 큰
> 덕을 이루지 못하니라.(『도전』 4:95:11-13)

천지의 마음은 모든 생명을 하나로 융합하여 감싸 안는 주
객일체의 마음이다. 천지일심이 바로 그것이다. 개벽일꾼의 마
음도 천지의 마음처럼 모든 생명과 하나가 되는 천지일심을 지
녀야 한다. 개벽일꾼은 천지의 마음을 자기 마음으로 삼아 인
간의 자기실현을 통해 우주만물의 새로운 변화과정에 동참해
야 하는 것이다.

> 이제 모든 일에 성공이 없는 것은 일심一心 가진 자가 없는
> 연고라. 만일 일심을 가지면 못 될 일이 없나니 그러므로 무슨
> 일을 대하든지 일심 못함을 한할 것이요 못 되리라는 생각
> 은 품지 말라. 혈심자血心者가 한 사람이라도 있으면 내 일
> 은 성취되느니라.(『도전』 8:52:1-4)

왜 모든 일은 천지일심에 근거한 한마음에서 이루어지는 것
일까? 왜냐하면 "천지만물과 천지만사가 일심이 없으면 불성不
成이"(『도전』 8:58:5)기 때문이다. 참 일꾼은 천지일심을 심법으로

존의 삶의 방식이 잘못 되었음을 깨닫는다는 뜻이다.

삼는 성인의 심법과 모든 일을 과감하게 처단하는 영웅의 도략이라는 두 가지 덕성을 겸비한 인물이라야 한다.

> 이전에는 판이 좁아서 성聖으로만 천하를 다스리기도 하고 웅雄으로만 다스리기도 하였으나 이제는 판이 넓어서 성과 웅을 합하여 쓰지 않으면 능히 천하를 다스리지 못하느니라.(『도전』 4:5:6-7)

지금까지는 세상의 판이 비교적 덜 복잡했기 때문에 성인의 마음과 영웅의 도략 가운데 어느 하나만을 가지고서도 세상을 얼마든지 다스릴 수 있었다. 하지만 오늘날 우리 시대는 판이 복잡다단하기 때문에 성과 웅 어느 하나만을 가지고서는 세상을 다스릴 수 없는 지경에 이르렀다. 후천의 조화세상을 만들기 위해서는 어쩔 수 없이 양자를 겸비하지 않을 수 없다. '성웅겸전聖雄兼全'과 '성웅양전聖雄兩全'이 바로 그것이다. 참된 개벽일꾼이 되기 위해서는 성인의 마음뿐만 아니라 영웅의 기개를 함께 지녀야 우주만물을 신천지의 새 생명으로 인도할 수 있다.

> 마음은 성인의 바탕으로 닦고 일은 영웅의 도략을 취하라. 개벽의 운수는 크게 개벽하고 크게 건설하는 것이니 성과 웅이 하나가 되어야 하느니라.(『도전』 2:58:6-7)

후천개벽의 천지대업을 도맡아 행하는 참 일꾼이 성인의 바탕과 영웅의 도략을 겸비해야 하는 이유는 우주만물의 자연질서에 그 근거

> **성웅** | 안으로는 성인의 마음을 지니고, 밖으로는 영웅의 기개를 갖는다는 뜻.

를 두고 있다. 왜냐하면 천지도 봄에는 만물을 생겨나게 하지만 가을에는 씨종자를 제외한 모든 것을 가을 서릿발 기운으로 가차 없이 죽이는 '춘생추살'이란 양면성을 지니고 있기 때문이다. 이처럼 참 일꾼도 '춘생추살'의 천지덕성과 마찬가지로 강함과 부드러움의 양가성을 동시에 겸전하여 어느 한 쪽에 기울어서는 안 되는 것이다.

참 일꾼은 오로지 간절한 정성과 진실한 공경과 올바른 믿음이라는 '성경신誠敬信'을 바탕으로 오직 뿌린 대로 거둔다는 신념 아래 세차게 휘몰아치는 후천개벽의 소용돌이 속에서 무참하게 쓰러져 가는 불쌍한 억조창생을 한 사람이라도 더 살리고 지상에 조화문명의 터전을 세우겠다는 굳건한 의지를 불태워야 한다.

> 대장부 일을 도모함에 마음을 크고 정대히 가져 '내가 죽어도 한번 해보리라.'하고 목숨을 생각지 말아야 할지니 작은 일에 연연하면 큰일을 이루지 못하느니라. 일꾼이 일을 도모함에 무서워서 못하는 것은 의기義氣가 부족한 연고니라. 내 일은 하다가 곤란은 있을지언정 그릇 죽지는 아니하리라. 천하사 하려다가 좀 갇히는 것이야 무서울 것이 있느냐. 위천하자는 불고가사니라. 천하사를 하는 자는 집안일 돌보기가 어려우니 제갈량諸葛亮이 성공치 못한 것은 유상팔백주有桑八百株로 인함이니라.(『도전』8:22:2-8)

성경신 | 정성과 공경과 믿음.
제갈량 | 중국 삼국시대의 촉나라의 승상. 본명은 량이고, 자는 공명이다.

삼국시대 촉나라의 제갈량이 삼국통일의 천

하대업을 완성치 못한 것은 개인적 욕심을 말끔히 지우지 못했기 때문이다. 조화선경 건설이라는 천지대사를 성취하기 위해서는 조금의 사리사욕도 없는 천하사를 위하는 공명정대한 마음을 지녀야 한다. 한 발만 뒤로 물러서도 천길만길 낭떠러지로 떨어질 수 있다는 무서운 구도정신과 철저한 자기수행만이 새 역사를 창조하는 개벽일꾼의 진정한 삶의 자세이다.

> 선천에는 모사謀事는 재인在人이요 성사成事는 재천在天이라 하였으나 이제는 모사는 재천이요 성사는 재인이니라.(『도전』 4:5:4-5)

예전에는 모든 일을 사람이 꾸미고〔謀事在人〕 그 성공여부는 하늘에 달린 것〔成事在天〕으로 내맡겼지만, 지금은 일을 꾸미는 것〔謀事在天〕은 하늘이지만, 일의 성사여부는 사람에 달린 것〔成事在人〕이다. 천하를 다스리는 '치천하'의 방책은 증산 상제가 천지공사를 통해 이미 제시하였다. 증산상제는 천지공사를 집행함으로써 모든 문제가 풀릴 수 있는 해결책을 제시한 것이다. 모든 문제는 천하를 평정하는 '평천하平天下'의 일을 개벽일꾼이 어떻게 완결 짓느냐에 달려 있는 것이다.

치천하 | 천하를 다스림.
평천하 | 천하를 평정함

동아시아의 태일 사상

『太白逸史』

『太白逸史』「三神五帝本紀」: "저 삼신을 생각컨대, 천일과 지일과 태일이다. 천일은 조화를 주관하고, 지일은 교화를 주관하며, 태일은 치화를 주관한다."(稽夫三神, 曰天一, 曰地一, 曰太一. 天一主造化, 地一主敎化, 太一主治化.)

『太白逸史』「三神五帝本紀」: "상계의 주신은 그 호칭이 천일이니, 조화를 주관한다."(上界主神, 其號曰天一, 主造化.)

『太白逸史』「三神五帝本紀」: "하계의 주신은 그 호칭이 지일이니, 교화를 주관한다."(下界主神, 其號曰地一, 主敎化.)

『太白逸史』「三神五帝本紀」: "중계의 주신은 그 호칭이 태일이니, 치화를 주관한다."(中界主神, 其號曰太一, 主治化.)

『太白逸史』「蘇塗經典本訓」: "삼신은 곧 천일과 지일과 태일의 신이니, 한 기운이 저절로 능히 움직여서 조화와 교화와 치화의 삼신이 된다."(三神乃天一地一太一之神也, 一氣之自能動作,

而爲造敎治三神之神.)

『天符經』

"천일은 하나이고, 지일은 둘이며, 인일은 셋이다."(天一一, 地
一二, 人一三.)

『楚辭』

『楚辭·九歌·東皇太一』은 본래 신령에게 제사를 지낼 때 사용
하던 악곡인데, 특히 최고의 주신인 '동황태일'을 노래하는 곡
이다. 초나라 사람들은 길한 날 좋은 때를 가려 삼가 공경하는
마음가짐으로 '상황'인 '동황태일'에게 제사를 지냈다. '동황태
일'이란 한 것은 태일의 사당이 동쪽에 있고, 동쪽을 관장하는
신이기 때문이다.

『太一生水』

"태일이 물을 생겨나게 하지만, 물이 도리어 태일을 도와서
하늘을 이루고, 하늘이 도리어 태일을 도와서 땅을 이룬다. 하
늘과 땅이 다시 서로 도와서 신명을 이룬다. 신과 명이 다시 도
와서 음양을 이룬다. 음과 양이 다시 도와서 사시를 이룬다. 사
시가 다시 도와서 창열을 이룬다. 차가움과 뜨거움이 다시 서

로 도와서 습조를 이룬다. 축축함과 건조함이 다시 서로 도와서 한 해를 이룬다."

(太一生水, 水反輔太一, 是以成天. 天反輔太一, 是以成地. 天地復相補 也, 是以成神明. 神明復相補也, 是以成陰陽. 陰陽復相補也, 成四時, 四時復相補也, 成滄熱. 滄熱復相補也, 是以成濕燥. 濕燥復相補也, 是以成歲.)

『莊子』

『莊子』「天下」: "늘 없는 것으로 세우고, 태일로써 주재한다."
(建之以常無有, 主之以太一.)

『莊子』「天下」: "지극히 커서 밖이 없는 것을 대일이라 한다."
(至大無外, 謂之大一.)

『鶡冠子』

『鶡冠子』「泰鴻」: "중앙이란 태일의 자리이니, 온갖 신이 우러러본다."(中央者, 太一之位, 百神仰之焉.)

『呂氏春秋』

『呂氏春秋·仲夏紀·大樂』: "음악이 유래된 바는 아주 오래되었다. 이는 度量에서 생겨났고, 太一에 근본을 두고 있다. 태일에서 양의가 나오고 양의에서 음양이 나온다.……만물이 나오는 바는 태일에서 만들어지고 음양에서 변화한다.……도는 지극히 정미하여 꼴지울 수 없고 이름지을 수 없다. 억지로 이름한다면 태일이라 할 수 있다."(音樂之所由來遠矣, 生於度量, 本於太一. 太一出兩儀, 兩儀出陰陽.……萬物之所出, 造於太一, 化於陰陽.……道也者, 至精也, 不可爲形, 不可爲名, 强謂之名, 謂之太一.)

『淮南子』

『淮南子』「天文訓」: "태미는 태일의 궁정이고, 자궁은 태일의 거처이다."(太微者, 太一之庭也, 紫宮者, 太一之居也.)

『淮南子』「本經訓」: "황제는 태일을 체득하고, 왕은 음양을 본받으며, 패자는 사계절을 따르고, 제후는 육율을 사용한다. 태일은 천지를 두루 감싸고 산천을 제어하며, 음양을 머금거나 토해내고 사계절을 잘 조절하며, 팔극을 벼리로 삼고 육합을 씨줄 날줄로 삼으며 만물을 덮어 주고 드러나게 하며 비추어 주고 이끌어 준다. 이것은 온 천지에 두루 퍼져 있고 사사로움이 없으니, 길짐승이든 날짐승이든 꿈틀거리는 벌레까지도 모두 그 덕에 의지해 살아간다.……그러므로 태일을 체득한 사람은 천지의 실정에 밝고 도덕의 법칙에 통달한다. 그 귀밝기와 눈밝기는 해와 달보다 더 밝게 빛나고, 정신은 만물에 두루 통하며, 움직임과 머무름은 음양의 법칙에 들어맞고, 기뻐함과 노여워함은 사계절과 조화를 이루며, 은택은 멀리 변방에까지 미치고, 명성은 후세에까지 미친다."(帝者體太一, 王者法陰陽, 覇者則四時, 君者用六律. 秉太一者, 牢籠天地, 彈壓山川, 含吐陰陽, 伸曳四時, 紀綱八極, 經緯六合, 覆露照導, 普汜無私, 飛∶動, 莫不仰德而生.……是故體太一者, 明於天地之情, 通於道德之倫, 聰明燿於日月, 精神通於萬物, 動靜調於陰陽, 喜怒和於四時, 德澤施於方外, 名聲傳於後世.)

『淮南子』「詮言訓」: "진인이란 애초에 태일과 분리되지 않은 자이다."(眞人者未始分太一者也.)

『禮記』

『禮記』「禮運」: "무릇 예는 반드시 대일에 근본한다. 대일이 나누어져 천지가 되고, 천지가 굴러 음양이 되며, 음양이 변화하여 사시가 되며, 사시가 벌려져서 귀신이 되었다."(夫禮必本于大一, 分而爲天地, 轉而爲陰陽, 變而爲四時, 列而爲鬼神.)

高誘

高誘의 『淮南子注』: "태미는 별이름이다. 태일은 천신이다."(太微, 星名也, 太一, 天神也.) 하고 있다.

高誘의 『淮南子注』: "태일은 원신이니, 만물을 총괄하는 자이다."(太一, 元神, 總萬物者也.)

高誘의 『淮南子注』: "태일의 모양과 북극의 기운이 합하여 한몸이 된다."(太一之容, 北極之氣, 合爲一體.)

王逸

王逸의 『楚辭注』: "태일은 별 이름이니, 하늘의 존귀한 신이다. 사당이 초나라의 동쪽에 있어 동제에게 배향한 것이다. 그러므로 동황이라 한다."(太一, 星名, 天之尊神, 祠在楚東, 以配東帝, 故曰東皇.)

鄭玄

鄭玄의 『易緯·乾鑿圖注』: "태을은 북극신의 이름이다. 머무는 그 처소를 태을이라 한다."(太乙者, 北辰之神名也. 居其所曰太乙.)

『史記』

『史記』「封禪書」: "박현 사람 유기가 태일신에게 제사 지내는 방법에 대해 아뢰면서 '천신 가운데 가장 존귀한 분은 태일신이며, 태일을 보좌하는 것은 오제입니다. 옛날에 천자는 매년 봄

가을 두 계절에 수도 동남쪽 교외에서 태일신에게 제사를 지냈습니다. 재물은 소, 양, 돼지를 사용하였고, 제사는 7일동안 지냈으며, 제단을 만들어 팔방으로 통하는 귀신의 길을 설치하였다.'라고 하였다. 그리하여 천자는 태축에게 장안의 동남쪽 교외에 태일신의 사당을 세우고, 언제나 유기가 말한 방식대로 제사를 거행하라고 명하였다. 그 뒤 어떤 사람이 글을 올려 '옛날의 천자는 삼 년에 한 번씩 소, 양, 돼지를 희생으로 천일신, 지일신, 태일신 삼신에게 제사를 지냈습니다.'라고 아뢰었다.'(亳人謬忌奏祠太一方, 曰: '天神貴者太一, 太一佐曰五帝. 古者天子以春秋祭太一東南郊. 用太牢七日 爲壇開八通之鬼道. 于是天子令太祝立其祠長安東南郊, 常奉祠如其方. 其後人上書, 言'古者天子三年壹用太牢祠神三一: 天一, 地一, 太一.'")

『史記』「天官書」: "중궁에 천극성이 있으니, 그 가운데 가장 밝은 별은 태일이 늘 머무는 곳이다."(中宮天極星, 其一明者, 太一常居也.)

『星經』

『星經』: "태일성은 천일의 남반도에 있으니, 천제신으로 16신을 주재한다."(太一星在天一南半度, 天帝神, 主十六神.)

『雲級七籤』

『雲級七籤』券 四十四「存思部」: "무릇 도를 배움에 태일이 없다면 바라봄에 두 눈이 없는 것과 같고, 생각을 보존함에 태일이 없다면 가슴과 배에 오장이 없는 것과 같으며, 신을 어거함에 태일이 없다면 일어나거나 돌아다님에 사지가 없는 것과 같으며, 몸을 세움에 태일이 없다면 시체가 **뻣뻣**하여 기운이 없는 것과 같다."(夫學道而無太一, 猶視瞻之無兩眼; 存念而無太一, 猶胸腹之失五臟; 御神而無太一, 猶起行之無四支; 立身而無太一, 猶尸殭而無氣矣.)

참고 문헌

1. 원전류

한국학문헌연구소편, 『동경대전』, 서울, 아세아문화사, 1978

한국학문헌연구소편, 『용담유사』, 서울, 아세아문화사, 1978.

증산도 도전편찬 위원회, 『도전』, 서울, 대원출판사, 2003.

樓宇烈校釋, 『老子周易王弼注校釋』, 臺北, 華正書局, 1983.

郭慶藩集釋, 『莊子集釋』, 北京, 中華書局, 1978.

『漢書』, 北京, 中華書局, 1983.

『皇極經世書』, 鄭州, 中州古籍出版社, 1993.

2. 단행본

안운산, 『가을생명으로 넘어가는 생명의 다리』, 서울, 대원출판사, 2006.

안운산, 『천지의 도 춘생추살』, 서울, 대원출판사. 2007.

안경전, 『개벽 실제상황』, 서울, 대원출판사, 2005.

안경전, 『천지성공』, 서울, 대원출판사, 2008.

김낙필, 『조선시대의 내단사상』, 서울, 대원출판사, 2005.

김지하, 『김지하 이야기 모음-틈』, 서울, 솔, 1995.

김지하, 『동학이야기』, 서울, 솔, 1999.

김 진, 『종교문화의 이해』, 울산, 울산대학출판부, 1998.

김충열,『중국철학산고 II』, 서울, 온누리, 1988.

김용옥,『기철학산조』, 서울, 통나무, 1997.

김용휘,『우리 학문으로서의 동학』, 서울, 책세상, 2007.

김종철, 『시적 인간과 생태적 인간』, 서울, 삼인, 1999.

박성규,『주자철학의 귀신론』, 서울, 한국학술정보, 2005.

신오현,『자아의 철학』, 서울, 문학과 지성사, 1987.

장동순,『동양 전통 자연사상 탐구』, 서울, 집문당, 2001.

정민,『초월의 사상』, 서울, 휴머니스트, 2002.

이동철외,『21세기 동양철학』, 서울, 을유문화사, 2005.

진정염외, 이성규역, 『중국대동사상연구』, 서울, 지식산업사, 1990.

정신문화연구원편, 『17세기 국어사전』, 서울, 정신문화연구원, 1995.

정재서,『도교와 문학 그리고 상상력』, 서울, 푸른숲, 2000.

정재서,『불사의 신화와 사상』, 서울, 민음사, 1994.

정재서,『한국 도교의 기원과 역사』, 서울, 이화여자대학출판부, 2006.

정재서,『사라진 신들과의 교신을 위하여』, 서울, 문학동네, 2007.

정재서외, 『한국 전통사상의 특성 연구』, 서울, 한국정신문화연구원, 1995.

조용일,『동학조화사상연구』, 서울, 동성사, 1990.

정해창외,『동서양의 실재관』, 서울, 한국정신문화연구원, 1994.

프랑스와 줄리앙, 유병태 옮김, 『운행과 창조』, 서울, 케이시, 2003.

한국사상연구회편, 『조선유학의 개념들』, 서울, 예문서원, 2002.

경상대학교 인문학연구소 엮음, 『현대의 새로운 패러다임과 인문학』, 서울, 백의, 1994.

풍우, 김갑수역, 『천인관계론』, 서울, 신지서원, 1993.

『한국사 시민강좌』 제10집, 서울, 일조각, 1992.

오하마 아끼라, 이형성 옮김, 『범주로 보는 주자학』, 서울, 예문서원, 1997.

한동석, 『우주변화의 원리』, 서울, 대원출판사, 2001.

盧國龍, 『道敎哲學』, 北京, 華夏出版社, 1997.

楊玉輝, 『道敎人學硏究』, 北京, 人民出版社, 2004.

余敦康, 『內聖外王的貫通』, 北京, 學林出版社, 1997.

余敦康, 『易學今昔』, 桂林, 廣西師範大學出版社, 2005.

李少光, 『中國先秦之信仰與宇宙論-以《太一生水》爲中心的考察-』, 成都, 巴蜀書社, 2009.

李遠國外, 『和諧, 衝突與交流』, 成都, 四川人民出版社, 1999.

福永光司, 『道敎思想史硏究』, 東京, 岩波書店, 1988.

福井文雅, 『道敎の歷史と構造』, 東京, 五曜書房, 1999.

小林正美, 『六朝道敎史硏究』, 東京, 創文社, 1990.

小林正美, 『中國の道敎』, 東京, 創文社, 1998.

淺野裕一, 『古代中國の宇宙論』, 東京, 岩波書店, 2006.

橋本敬造,『中國占星術の世界』, 東京, 東方書店, 1999.

3. 논문

김형효, 「원시반본과 해원사상에 대한 철학적 성찰-증산사상의 한 연구」, 『증산사상연구』 제5집, 서울, 증산사상연구회, 1979.

김기선, 「천지굿과 디오니소스 제의」, 『증산도사상』 제2집, 대전, 증산도사상연구소, 2000.

노병렬, 「세계질서의 새 틀 짜기」, 『강증산의 생애와 사상』, 대전, 증산도사상연구소, 2002.

문계석, 「증산도의 신론(1)」, 『증산도사상』 제7집, 대전, 증산도사상연구소, 2003.

민영현, 「한국 선과 증산사상의 특징 및 도교성에 대해-한국인의 생명사상을 중심으로-」, 『도교문화연구』 제26집, 한국도교문화학회, 2007.

박학래, 「천인지제- 인간 삶의 지표와 이상」, 『조선 유학의 개념』, 서울, 예문서원, 2002.

오인제, 「증산도 선후천론에 대한 현대적 이해」, 『증산도사상』 창간호, 대전, 증산도사상연구소, 2000.

유철, 「증산도의 원시반본사상과 개벽」, 『증산도사상』 제2집, 대전, 증산도사상연구소, 2000.

유철, 「증산도의 보은사상」, 『증산도사상』 제7집, 대전, 증산도사상연구소, 2003.

윤창렬, 「『도전』 간행의 당위성과 역사성」, 『증산도사상』 제4집, 대전, 증산도사상연구소, 2001.

이윤재, 「선천문명과 가을개벽」, 『증산도사상』 제4집, 대전, 증산도사상연구소, 2001.

정재서,「한국도교의 고유성-중국도교와의 대비적 고찰 」,『한국 전통사상의 특성 연구』, 서울, 한국정신문화연구원, 1995.

천병돈,「천지개벽에 대한 문헌적 고찰」,『증산도사상』 제4집, 대전, 증산도사상연구소, 2001.

최정규.「참 일꾼의 삶」,『강증산의 생애와 사상』, 서울, 대원출판, 2002.

색인